温州大学精品文库出版资助

篮球运动理论研究与实践

舒刚民◎著

吉林大学出版社

·长春·

图书在版编目（ＣＩＰ）数据

篮球运动理论研究与实践/舒刚民著. -- 长春：
吉林大学出版社, 2023.5
ISBN 978-7-5768-1720-1

Ⅰ.①篮… Ⅱ.①舒… Ⅲ.①篮球运动—教学研究
Ⅳ.① G841.2

中国国家版本馆 CIP 数据核字 (2023) 第 094460 号

书　　名　篮球运动理论研究与实践
　　　　　LANQIU YUNDONG LILUN YANJIU YU SHIJIAN
作　　者　舒刚民　著
策划编辑　殷丽爽
责任编辑　殷丽爽
责任校对　李适存
装帧设计　守正文化
出版发行　吉林大学出版社
社　　址　长春市人民大街 4059 号
邮政编码　130021
发行电话　0431-89580028/29/21
网　　址　http:// www. jlup. com. cn
电子邮箱　jldxcbs@ sina. com
印　　刷　天津和萱印刷有限公司
开　　本　787mm×1092mm　1/16
印　　张　8.75
字　　数　150 千字
版　　次　2024 年 1 月　第 1 版
印　　次　2024 年 1 月　第 1 次
书　　号　ISBN 978-7-5768-1720-1
定　　价　72.00 元

作者简介

舒刚民 博士，教授，硕士生导师。

毕业于北京体育大学，美国佐治亚大学运动管理学博士后，华中师范大学体育人文社会学博士后。国家社科基金通讯评审专家，教育部学位中心博硕学位论文评审专家，南大核心（CSSCI）期刊审稿人。现任职于温州大学体育与健康学院。主要研究方向：体育治理与运动项目教学实践（篮球）。

主持国家社科基金项目1项，浙江省哲学社会科学领军人才培育重大项目子课题1项，湖北省高校哲学社会科学重大项目1项（省哲社），中国博士后基金1项，湖北省高等学校教学改革项目1项，湖北省教育科学"十三五"规划重点项目1项，湖北省科学计划研究重点项目1项。在北京体育大学学报、西安体育学院学报、成都体育学院学报、体育学刊等体育专业类学报发表论文30余篇，中国人民大学报刊资料复印全文转载2篇，出版专著2部。获湖北省襄阳市第九届社会科学成果二等奖（论文类）1次，湖北文理学院优秀科技工作者称号1次。

前　言

自 1895 年篮球运动传入中国以来，篮球运动扎根中国社会，深受广大人民群众喜爱，成为人们喜闻乐见的运动项目。篮球运动百年发展史，使其以独特的文化现象成长于中国社会，并成为青年学生喜爱的体育活动。在抗战时期，篮球运动成为军民欢聚交流的纽带。中华人民共和国成立之后，篮球运动蓬勃发展，政府、学校、企业、工厂等单位部门都建有自己的篮球队，篮球运动水平得到了极大的提高。1956 年，毛泽东同志在中共中央政治局扩大会议上指出艺术问题上"百花齐放"，学术问题上"百家争鸣"。之后，毛泽东同志又在最高国务会议第七次会议上正式提出实行"双百方针"。此后，篮球运动理论和实践得到了极大的提升，也涌现了许多优秀的研究成果。新时代，中国共产党第二十届代表大会胜利召开，习近平总书记的讲话既回顾了党的十九大以来取得的成绩，又为未来国家发展描绘了蓝图。习近平总书记在党的二十大提出"推进文化自信自强，铸就社会主义文化新辉煌"。同时，指出要"加强青少年体育工作，促进群众体育和竞技体育全面发展，加快建设体育强国。"习近平总书记的讲话为中国体育事业的发展指明了方向，为中国篮球运动的发展增添了信心，也为《篮球运动理论研究与实践》提供了坚实的理论基础和现实依据。

《篮球运动理论研究与实践》共分为八章，除了第一章和第八章之外，其余每章都进行了小结，便于读者对章节内容、核心思想、主要结论等情况知悉和了解。本研究以"人"为核心，以"人"的全面自由发展为主线，以"人"的成长成才为主题，围绕篮球运动源起、中国篮球文化、高校篮球文化、职业篮球文化、教练员培养、运动员培养等内容进行研究。第一章"绪论"主要从选题依据、目的意义、方法路线进行解析，以便更好了解本研究的整体框架。第二章"篮球运动起源"从"人的主体地位"出发，探寻篮球运动源起的政治、文化、经济、教育背景，认为篮球运动的本质就是一种教育活动，它的核心是使参与者或观赏者感受到人的价值的存在，体会人和社会、自然的高度和谐：它的表现形式是以"人—球—球篮—场地"为固定元素，通过合理的方法和手段，在一定规则约束下，以得分多者为优胜的准确性的文化活动。第三章"中国篮球文化"注重"以人为本"的理念来理解篮球文化，试图从"人"发展的角度审视篮球文化的发展，通过篮球运动对"人"或者"人类社会"发展的影响解析中国篮球文化中"人化"与"化人"的过程。第四章"高校篮球文化"认为高校篮球文化，是指观赏和参与篮球运动的"人"的思维方式和行为方式的制度化凝结，是推广、普及、传承、创新篮球运动的知识、技能、习俗和制度的总和。其核心是重在参与、全面育人的大学精神，其实质是感受篮球、享受篮球、超越篮球。高校篮球文化作为篮球文化的重要组成部分，承担着高校育人的重任，能够有效地促进人的自由和全面发展。第五章"职业篮球文化演进"重点介绍了的中美职业篮球文化演进的历程，通过中美职业篮球文化的历史演进告诉我们，"人"是推动篮球运动发展的核心动力，NBA能够在职业化、市场化、产业化等领域取得巨大的成功，离不开优秀的人才团队，CBA要想走向成功，必须重视各类人才的培养。第六章"篮球教练员培养"充分认识到"教练员"是最具活力和创造力的"人"，从实践的视角出发，通过对教练员人才库的查询，分析我国篮球教练员的人才资源现状及存在的基本问题，从"人"的实际需求出发，篮球教练员需要参加不定期的培训，并制定长期培养的制度规划，以便更好地培养出优秀的篮球教练员，从整体上提升中国篮球的竞技水平和国际竞争力。第七章"篮球运动员培养"从"人"的具身视角出发，进一步探索"人"的内在机能与运动项目契合的生理生化特征。从训练学、生理学、文化学等角度，深入探索篮球运动项目的能量供应特征、训练理念特点、运动风格流派等内容，通过典型案例、大赛数据、高大队员选育等进行实证研究，以便更好地完成"人"的选材、训练、成长、培育，为中国篮球运动的可持续发展提供科学依据。第八章"结论与建议"从人的主体地位出发，认为新时期新征程，加强中国式现代化体育强国建设，需加快建构现代篮球运动理论体系，坚持理论自信，坚持本土化人才培养，坚持科学化训练实践，以有效推进中国篮球运动再上新台阶。

目　录

第一章　绪论

第一节　提出问题

以中国式现代化体育新道路推动体育强国建设。2022 年 10 月 16 日，中国共产党第二十全国代表大会，习近平总书记在报告中庄严宣告"从现在起，中国共产党的中心任务就是团结带领全国各族人民全面建成社会主义现代化强国，实现第二个百年奋斗目标，以中国式现代化全面推进中华民族伟大复兴。"中国式现代化是中国共产党人经过长期的经验总结和行动实践探索出来的新思想、新理论。中国式现代化是党的十八大以来在理论和实践上的创新和突破，是中国共产党领导中国人民创造人类文明的新形态。中国式现代化的本质要求是：坚持中国共产党领导，坚持中国特色社会主义，实现高质量发展，发展全过程人民民主，丰富人民精神世界，实现全体人民共同富裕，促进人与自然和谐共生，推动构建人类命运共同体，创造人类文明新形态。中国式现代化的内涵是人口规模巨大的现代化，全体人民共同富裕的现代化，物质文明和精神文明相协调的现代化，人与自然和谐共生的现代化，走和平发展道路的现代化。习近平总书记在党的十九大报告中指出"到本世纪中叶把我国建设成富强、民主、文明、和谐、美丽的社会主义现代化强国"。中国共产党人在部署现代化强国建设过程中已经明确了时间节点，体育强国是中国式现代化强国的重要组成部分，建成体育强国是全面推进中华民族伟大复兴的目标体现。在新的历史阶段，体育强国建设符合国家发展的需要，"体育强，则国家强；国运兴，则体育兴"。中华人民共和国成立以来的历史经验表明，国家强大为体育事业的发展奠定了坚实基础，体育强大能够为国家的发展树立良好的国际形象。体育强国建设符合人民对美好生活向往的追求。人民对美好生活的向往不仅仅是物质上的富裕，更需要精神上的满足。基于中国式现代化体育强国建设，体育与人民对美好生活的向往紧紧联系在一起，体育能够增强人民对美好生活的幸福感和满足感。

体育强国建设推进中国篮球运动理论研究与创新。1949 年 10 月，自中华人民共和国成立以来，中国体育的演进历程经历了由体育兴国到体育大国，再由体育大国到体育强国发展阶段。到 21 世纪中叶，我国将建设成为中国式现代化的体育强国。自党的十八大以来，中国共产党带领中国人民取得了巨大的历史成就，中国体育发展走上了新征程。北京成为世界首个"双奥之城"、运动员在世界大赛面前表现得更加自信、竞技体育成为我国在国际赛场宣传的名片，全民健身、体育产业、体育文化、体育外交都充分展示了中华民族伟大复兴的精神面貌。1983 年，"体育强国"建设目标首次出现在中国体育发展战略规划议程中，此后体育强国就与中国现代化的推进和发展相伴相随。在新的历史阶段，体育强国建设体现在体育发展的方方面面。2014 年 8 月 15 日，习近平总书记到南京青奥会运动员村看望中国体育代表团时，指出"中国要由体育大国向体育强国迈进""三大球要搞上去，这是一个体育强国的标志"。篮球运动作为"三大球"中的一员，在中国式现代化体育强国建设道路上扮演着极为重要的角色。回顾中国篮球运动百年发展史，中国篮球运动在多个领域取得过卓越的成绩。1895 年，篮球运动由传教士传入我国天津，在百废待兴的旧中国，篮球运动不仅仅代表的是一个体育项目，它更是体现着中华民族不屈不挠的精神风貌。1921 年，中国篮球获得第五届远东运动会冠军，在当时的历史背景下，其意义已经远远超过了一场冠军的价值。1949 年，中华人民共和国成立之后，中国男女篮在世界篮坛成为不可小觑的一股力量。中国现代化建设时期，中国篮坛涌现出穆铁柱、郑海霞、姚明、王治郅、巴特尔、易建联等众多具有国际影响力的运动员，中国篮球竞技水平也处于世界篮坛前列。2021 年 12 月 23 日，中国篮球运动发展报告正式发布，中国篮球运动一般人口高达 1.25 亿，核心篮球运动人口约 7610 万，篮球运动成为"三大球"中最受欢迎的运动项目。目前，我国篮球人口基数巨大，篮球运动普及化程度高。然而，篮球运动竞技水平日趋下滑的颓势仍未得到遏制。面对竞技篮球运动成绩下滑、职业篮球市场效益不高、后备力量培养不足等发展困境，篮球运动理论研究与创新已经迫在眉睫。在现代篮球运动发展进程中，如何实现篮球运动理论的自主创新、如何认清篮球运动的本质规律、如何形成本国独特的篮球文化、如何培养出优秀的运动员和教练员，这些问题始终激发众多体育科技工作者的研究热情。本研究以"人"为核心，以"人"的全面自由发展为主线，以"人"的成长成才为主题，围绕篮球运动源起、篮球文化、球场暴力文化、高校篮球文化、职业篮球文化、教练员培养、运动员培养等内容进行研究，以期探索中国式现代化体育强国建设进程中的篮球运动理论与实践。

第二节　研究目的与意义

新时代体育强国建设，繁荣运动项目文化是促进物质文明和精神文明协调发展的重要举措。中国式现代化体育强国建设的着力点不只是提升运动竞技水平、全民健身质量、体育产业发展等，还需要注重体育文化建设及体育理论创新。"三大球"作为我国体育基础性事业，是推进中国式现代化体育强国建设的重要标志，是推动体育高质量发展的重要内容，是办人民满意的体育事业的重要体现。篮球运动是"三大球"之一，项目普及程度高，人口参与数量大，影响力强，是名副其实的"第一运动"。篮球运动的发展和提高离不开人的参与，篮球运动的项目价值必须回归到"人的自由全面发展"的轨道上来。本研究从"人的主体地位"出发，探寻篮球运动项目的本质与源起，通过历史文化线索的梳理，解读篮球运动文化的类型和特征，围绕运动员和教练员的培养，剖析篮球运动高质量发的核心要素。旨在认清篮球运动项目的本质规律，繁荣运动项目文化，推动中国式现代化体育强国建设"三大球"的崛起，提高中国篮球运动的国际竞争力，实现中国篮球运动再上新台阶。围绕根本目的，本研究认为其意义主要表现在以下几个方面。

（1）理论意义表现

第一，从人的主体性地位出发，认清篮球运动的本质属性。体育运动项目的缘起和发展离不开人类社会实践活动，篮球运动的参与者能够在活动实践的过程中实现人的自由全面发展。第二，从历史文化的视角解读篮球运动文化的特点特征，篮球运动文化作为体育文化的重要组成部分，篮球文化以其独特的项目特点绽放于体育文化丛林，有利于丰富运动项目文化的理论体系。第三，人是最具有活力的生产力要素，"三大球"的崛起和强大离不开优秀的运动员和教练员。中国式现代化体育强国建设必须增强理论自信，坚持正确的理论选择，建构适合自身发展的篮球运动理论体系。

（2）实践意义表现

第一，有利于指导篮球运动教学、训练、科研和育人。篮球运动理论研究与实践主要从人的主体地位出发，通过篮球运动实践实现人的教育性，围绕项目文化的特点特征实现"以文化人，文化育人"。第二，有利于促进中国篮球事业的发展。篮球运动理论研究与实践通过分析项目特征规律，总结、分析、归纳篮球运动员及教练员在人才培养过程中存在的问题和矛盾根源，提出相应的策略建议，为运动员和教练员人才成长提供了科学依据。第三，有利于推动中国式现代化体育强国建设。"三大球"是体育强国的重要标志，篮球运动作为"三大球"家族中的一员，探索篮球运动理论创新，指导篮球运动实践，提高篮球运动竞技水平，提升中国篮球国际竞争力，体育科技工作者责无旁贷。

第三节　研究方法与思路

（一）研究对象

以"篮球运动理论研究与实践"为研究对象，以"人"为核心，以"人"的全面自由发展为主线，以"人"的成长成才为主题，围绕篮球运动源起、篮球文化、球场暴力文化、高校篮球文化、职业篮球文化、教练员培养、运动员培养等内容进行研究。

（二）研究方法

1.文献资料法

以"中国式现代化""体育强国建设""三大球""篮球文化""篮球运动本质"等为关键词、主题词，在中国期刊网、互联网等网站进行文献检索。同时，在温州大学图书馆借阅"大国崛起""竞技体育""文化纵横"等相关书籍，为本研究提供理论支持。

2. 专家访谈法

针对本研究涉及的内容，对相关领域的专家、学者、教练、政府官员、退役运动员、高校教师进行访谈，确保研究内容的科学性和有效性。另外，通过参加会议的机会，对地市级篮球协会的相关领导进行了访谈，并通过小型会议的形式邀请相关专家对研究内容，以及相关结论进行了深入的讨论，确保研究的科学性和严谨性。

3. 数理统计法

针对本研究中运动员及教练员收集的相关数据，利用 SPSS 20.0 和 Execl 2016 进行了数据分析和处理，为篮球运动理论研究与实践提供数据支撑。

（三）研究思路与路线

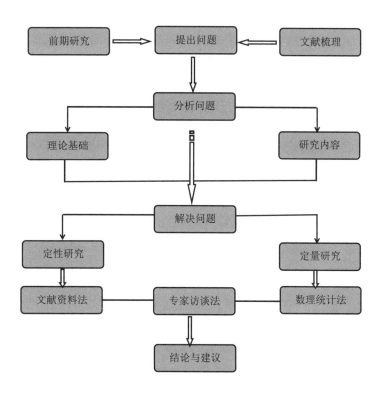

图 1-1　篮球运动理论研究与实践思路图

第二章 篮球运动源起

1891 年，篮球运动起源于美国，迄今为止已将近 130 年的发展历程。关于篮球运动的起源及篮球运动的本质这两个问题，我国学者已经做过不少研究。但是有些细节，意见不统一，存在争议。本文通过对科研成果进行梳理，并查阅相关史料，从历史学和文化学的角度，对篮球运动的起源进行考证，旨在更加准确地还原历史真相，并对发明篮球运动的根本目的进行解读。

第一节　篮球运动源起的时代背景

长期以来，关于篮球运动的起源的问题，在很多教科书中都描述为：美国冬季气候恶劣，不利于开展室外活动，从而发明的一种新型运动项目。从这种描述的背后我们解读出篮球运动起源于美国似乎是一种偶然现象，但事实并非如此，通过对篮球运动起源的发明过程、动机目的及文化渊源进行探究，表明篮球运动的发明是人类文明发展的必然选择。在篮球运动训练的实践过程中，关于篮球运动的本质认识问题，学术界一直存在争议。诠释篮球运动起源的时代背景、发展过程、动机目的，为理解篮球运动的本质提供了理论依据。从"人的主体地位"出发对篮球运动本质进行审视，19 世纪中叶美国国内的政治、经济、文化、教育、宗教等时代背景为篮球运动的发明创造提供了有利的条件，篮球运动的发明能够极大的满足当时美国人民的精神需要及人文价值的追求。在这种历史背景下，应该说篮球运动的发明是一种历史的必然，而恶劣的气候条件只是起到了"助推剂"的作用。通过对篮球运动起源的时间、目的、动机及渊源这四个方面的相关史料进行探究，解读出发明者的最终目的是将篮球运动作为一种教育人的手段，并且给参与者或观赏者能感受到篮球带给人的乐趣，在享受活动本身激情的同时，增进入人与人之间的尊重、了解、理解。篮球运动的本质是一种教育活动，从"人的主体地位"出发，它的核心是使参与者或观赏者感受到人的价值的存在，人与社会、自然的高度和谐。

（一）篮球运动发明的政治背景

从 17 世纪初美国隶属英国的殖民地开始，到 18 世纪美国独立战争的胜利，再到 19 世纪中叶南北战争的结束。在政治上，美国由殖民社会向资产阶级民主社会过渡。独立战争之前，大量的移民包括英国、德国、荷兰、西班牙等国家，将其本国的科学文化、教育制度及体育运动带到了美国。特别是在一些移民群体中出现大量的新教徒，他们大胆地发明各种竞技运动和游戏，丰富了他们的日常生活，"从而使美国也成为欧洲文明与体育的融合的实验场所。"这为日后篮球运动提供了创造、发明的空间。美国政治的发展，还表现在资产阶级民主的逐步扩大上。美国黑人和妇女取得了选举权，标志着黑人和白人、妇女和男人在地位上的平等，这为篮球运动的发展特别是女子篮球运动的发展创造了条件。经历了独立战争、南北战争及第一次世界大战的美国，其政治机制越来越完善，保证了政局的长期稳定，从而促进了美国经济、文化、教育的发展。

（二）篮球运动发明的经济背景

19 世纪的美国处在一个由农业国向工业国转型的历史时期，19 世纪末 20 世纪初，美国经济很快超越了其他资本主义国家。19 世纪 70 年代末，美国在全国范围内完成了产业革命，由农业国向工业国过渡。第一次世界大战期间，美国垄断组织大发战争横财，经济实力日益增强，从而占据世界经济的绝对优势地位。经济的迅猛发展，国力的逐渐强盛，使得科学、文化、教育等方面得到了空前的发展，美国的体育也就是在这个时候开始发展起来的。在美国，体育不仅被认为是学校教育的一般内容和手段，同时也被认为是国家富强的重大举措，并成立了相关的体育法，为体育运动的开展提供了有效的保障。许多有关法律条文对近代体育的发展起了很大的推动作用，也为一些新项目的产生奠定了法理基础。体育地位的合法化，为体育游戏的发明创造提供了温床。篮球运动就是在这个时期，在这种崇尚体育的环境中发明产生的。

（三）篮球运动发明的文化背景

美国文化深受欧洲文化的影响。因此美国的大多数移民来自欧洲，美国文化和欧洲文化有很多相似的地方，但是美国文化又具有独特性，发明、创造、创新是其民族文化的一大特点。19世纪中后期美国的工业革命不仅给生产技术带来了根本性的改变，在新的社会背景下，人们对体育产生迫切需要，各种各样的户外活动和竞技运动出现了空前的蓬勃的发展格局。美国文化是一种开放性的多元文化，独立后的美国在吸收外来文化的同时，更加重视立足本民族的文化创新。美国文化在不断吸取欧洲文明的同时，也在寻求自身的发展，从各类球类运动项目的起源来看，50%产生在英国，另外超过30%的产生地就在美国。这种文化现象其实也反映出当时美国民族的一种文化心理——发明、创造、创新。篮球活动正好是在这种文化沃土里播种、发芽、成长起来的一项体育运动。

（四）篮球运动发明的教育背景

美国从殖民地时代起就非常重视教育。美国的政治家和领导人深刻地认识到教育在社会发展过程中的重要作用和意义。杰斐逊认为"知识就是力量，而知识来源于教育"，并把教育作为国家和社会进步的一项重要国策来发展。在美国，除了学校是一个重要的教育机构之外，教会组织也是一个非常重要的教育机构。美国是一个多民族信仰的国家，基督教在美国非常盛行，设立有相应的组织机构，如基督教会设立的青年会、教会学校及其各种机构。18世纪后期，美国为了利用宗教的力量抵制唯物主义新思想的传播，大力扶持基督教。到19世纪以后，美国的基督教组织已具有相当的规模。基督教会为了维护资产阶级的政权，利用宗教来控制学校和教育权。基督教青年会中的一些体育人士为了更好地对青年进行体育教育，积极开展各项体育活动，一方面筹建体操场、游泳池等体育场地设施，另一方面教会组织增设体育部，对专门人员进行师资培训。当时，甚至一些教会领导人还认为"体育发展是人类进化所必需的一种心灵与精神教育，并设计了青年会的红色三角形标记，以象征身体、心灵与精神教育"。这种崇尚教育的社会环境和相对完善的体育教学条件为篮球运动的发明、发展提供了政策上的支持和资源上的帮助。

第二节　篮球运动源起的发展过程

（一）篮球运动起源的时间、地点

根据相关史料及英文原版书籍的记载，篮球运动于 1891 年由美国马萨诸塞州斯普林菲尔德市基督教青年会训练学校体育教师詹姆士·奈史密斯发明。至于篮球运动产生的具体的时间，目前存在一些不同的观点，虽然也不能给出一个具体的时间，但是至少能够确定一个时间范围。据相关资料记载，詹姆士·奈史密斯在 1891 年 12 月综合了橄榄球、曲棍球、足球等游戏的特点设计一种游戏方法。1891 年的 12 月 25 日圣诞节之夜，詹姆士·奈史密斯将培训班的 18 名学生分成两队，用美式足球作为游戏工具进行了新的表演赛，并把游戏介绍给观众。另外，据有关资料记载第一次篮球比赛是在 1891 年 12 月 15 日，比赛双方各上场 9 名队员，比赛用球是足球，投中篮得 1 分——这是沿用足球的记分方法，按得分多少来决定胜负。由此可见，篮球发明的时间应该是 1891 年，这项运动正式对外介绍给观众的时间段应该在 12 月 15 日至 12 月 25 日之间。在 1892 年的某一天，奈史密斯在体育馆里以白金汉小学的女教师为比赛参加者，成功地组织了一次正规的女子篮球比赛，女子篮球运动从此问世。

（二）篮球运动起源的动机、目的

事物的发展总是相互联系的，篮球运动的起源正是在这种相互联系、相互启发的过程中产生的。美国波士顿位于美国的东北地区，是马萨诸塞州的首府。该地区属于大陆性气候，但是由于濒临大西洋，气候也明显受到海洋的影响。夏季炎热潮湿而冬季寒冷，多风并且多雪。每到冬天，一切户外活动就不能开展。当时任马萨诸塞州斯普林菲尔德市基督青年会训练学校体育系主任的古力克博士在一次上课的时候向他的学生们提出自己的想法：能否发明一种新的室内运动，它既有趣，又容易学，并且能在冬季及室内开展。奈史密斯就是这群学生中的一个，后来当奈史密斯成为春田学院的一名教师的时候，古力克博士将这项任务交给了奈史密斯去完成。在此之前已经有两位教师尝试着去发明过，但是以失败告终。

奈史密斯结合当时流行的一些户外活动的优缺点及气候特点，为了使新的运动项目达到预期的效果，他提出新运动必须做到以下三点：①要消除人们对当时体育运动中粗野行为的恐惧心理，新的竞技运动必须是"文明"的，严禁粗野的行为。②为了弥补足球、棒球受季节、气候影响的缺陷，新的运动应该是不受季节、气候影响，同时可以在室内或晚上进行的体育活动。③必须改变过去采用的瑞典、法国、德国式枯燥的训练方法。新的运动应使不同年龄、性别的人都能参加，尤其能吸引青年参加。

（三）篮球运动的起源、命名

奈史密斯把足球作为设计新的运动项目的最佳模式，并在设计过程中进行了必要的、大胆的修改。在选择投射目标时，奈史密斯博士曾想使用足球的射门，但考虑到自己提出新运动必须做到的"三点"，认为将球射入球门不符合"限制队员粗野行为"原则。于是想起了早在公元700年，玛雅人发明的一种名叫"场地球"的球类游戏。这种游戏的特点是在规定的场地上，每个队的球员都力图抢到有弹性的橡胶球，并将弹起的球击进高出球场地面的石洞里，这样才能得分。同时，奈史密斯还回忆起小时候在家乡加拿大阿尔蒙特与小伙伴们玩过的一种称为"打小鸭"的游戏。"石头上的鸭子"这一游戏对篮球运动的发明起到了非常重要的作用。奈史密斯认为：只有把目标置于队员头上的水平位置而不是在地面上，只有将球呈抛物线投射出去，才能使球进入与地面平行的目标，使球投射中目标的决定因素不是"力量"，而是"准确性"。这些启示对奈史密斯发明篮球有很大的推动作用。

当奈史密斯确定了新运动的使用工具及活动方法时，他开始着手这项新运动的实践。于是他让助手找来两个桃篮，并将这两个桃篮钉在了体育馆内的看台上作为投篮目标，桃篮离地面正好是10英尺（约3.05米）。这就是最初新运动的雏形。随着新运动的开展，在实践中不断地改进，参与这项活动的人数也越来越多，但当时这种新运动项目并不叫"篮球"，奈史密斯的一个学生建议叫它为奈史密斯球，奈史密斯没有同意，且因为是用"篮子"作为投掷目标，奈史密斯决定取名为"篮球"。

（四）篮球运动起源的历史学、文化学解读

从历史的角度解读篮球运动的起源，其主要目的就是希望能够客观、准确地还原历史的真相，并通过篮球运动起源时的历史背景和人文背景进一步探究发明篮球运动的根本目的，从而探寻篮球运动发展的根本动力。19 世纪中叶的美国基本上已经完成由农业国向工业国转型这一历史过程，物质需求得到满足后，美国社会开始关注精神上的需要及对人自身的关爱。宗教作为统治阶级的工具，一方面为统治阶级服务，另一方面为本教徒提供物质上的支持和精神上的教化，灌输资产阶级思想，从而达到对人的教育。户外运动及新兴的运动项目能够吸引大量的民众参与，这与当时资产阶级社会希望宗教能够吸收大量教徒参加教会活动从而达到教化民众、社会稳定发展的终期目标相吻合。教会学校成为体育运动兴起的场所，篮球运动在"青年教会学校"发明是一种历史必然。

从文化的角度解读篮球运动的起源，更多的是能够从美国文化背景中寻找篮球文化的根源，以及篮球文化在人的发展和社会变迁过程中的作用。美国文化是一个多元民族的文化，美国是一个移民国家，来自各大洲的文化在美国交汇融合，形成一种有异于宗主国的美国文化。篮球运动的发明既吸收了美国工业社会宗教时代的文化，也吸纳了发明人原国籍孩提时期的游戏文化，甚至还吸取了古老的玛雅文化。在参与篮球运动的过程中，不同年龄、性别的人都能感受到篮球带给人的乐趣，在享受活动本身具有的激情的同时，也加深了人与人之间的了解、理解。随着美国社会变迁，美国人对篮球运动无比热爱，不论什么肤色、什么性别、多大年龄、什么国家的人，都能够通过参与篮球活动得到社会的认同。篮球运动已成为美国文化品牌，成为美国人民生活不可或缺的一部分。

第三节　篮球运动源起的当代价值

（一）篮球运动起源为认清篮球运动本质提供了历史视角

篮球运动起源为认清篮球运动本质，提供了一个客观的历史视角。篮球运动起源的时代背景、时间地点，涉及的人物事件及发展过程构成一个客观史实。对

客观事件的评定带有主观色彩。当前，对篮球运动本质的认识，在篮球理论研究群体中存在一些分歧，这既是一种客观事实，同时也是主观对客观认识的一种反映。从历史的角度来认识篮球运动的本质，并非否定其他的认识观点，而是客观事物的认识多一个角度，以便更加合理、准确地反映出事物的真相，追本溯源。

（二）篮球运动源起为"新本质论"提供了依据

"新本质论"是根据篮球运动起源的时代背景，以及对相关史料进行考证提出的论点。篮球运动起源的政治、经济、文化、教育背景为认识篮球运动的本质提供了时代依据。美国19世纪的基本国情及欧洲工业文明给人类社会带来的新气象，新兴资产阶级将户外运动及一些新的运动项目作为吸引民众的工具，通过参与的手段来宣扬、教化、教育民众，使他们能够更好地为资产阶级社会服务。通过对篮球运动起源的史料考证可知，奈史密斯提出的"文明"运动为认识篮球运动的本质提供了现实依据。奈史密斯从当时一些户外运动开展的现实状况中认识到新的运动项目必须"严禁不文明的行为发生"。他的这种"文明教育意识"并非出于一种偶然，这和当时美国国情及资产阶级社会的教育理念是分不开的。

（三）国内学者对篮球本质认识的几种观点

在长达一百多年的发展过程中，篮球运动与发明时期相比，已经发生了很大的变化。现代篮球运动是在严格的、专门的规则限制下，在长28 m、宽15 m的场地上，用重600～650 g的球为工具，在规定的时间内，以积极争夺为手段，以把球投入对方球篮为得分，以得分多者为优胜的一种运动项目。篮球运动具有丰富的内涵，学者在不断丰富篮球理论的同时，也在不断探寻篮球运动的本质。当前，我国学者对篮球运动本质的认识主要存在以下几种具有代表性的观点：第一，游戏论。支持该观点的学者认为篮球运动的本质是一种游戏。以孙民治先生为代表的："篮球运动本质是一种游戏，是一种以特定的器具、在特定条件限制下，围绕高空的目标而展开集体攻守对抗的活动性游戏。"[①] 第二，准确论。支持该论点的学者认为篮球运动本质是强力对抗下的准确。以杨桦先生为代表的："准确是篮

① 孙民治.从篮球运动本质及发展进程论国际强队的格局与形成要素 [J].体育学刊，2003（06）：109-112.

球运动区别于其他球类项目的根本标志，也是篮球运动的核心本质。"①第三，竞技性和娱乐性。支持该观点的学者认为篮球运动的本质是竞技性和娱乐性。以薛岚先生为代表的："篮球运动具有丰富的内涵，竞技性和娱乐性是篮球运动的本质属性。"②融和论。第四，支持该观点的学者认为篮球运动的本质是人、篮球、球篮三者融和。以李明达先生为代表的："以人、篮球、球篮三者融和为基础的强力对抗下的比准的体育项目。"③

篮球运动经历了一百多年的发展，要认识篮球运动的本质，首先要从历史的角度来考察发明者当初的指导思想及发明篮球运动的根本目的。"游戏论"不能准确地反映出篮球运动的本质。篮球运动的发明源于游戏，但是其指导思想及根本目的已经超出了游戏的范围。奈史密斯在设计新运动之前曾有明确的指导思想就是发明一种"文明的运动"，并针对该运动制定了严格的规则。新运动的根本目的是为资产阶级服务的，是一种教育行为。因此，认为篮球运动就其本身而言已经超越了"游戏"的范畴，但包含有"游戏"的特征——娱乐性。

历史在发展，篮球运动也在不停地发展。篮球运动由当初的一项体育活动发展到今天具有世界影响力的竞技运动，这恐怕是发明者奈史密斯当初也没有想到的。随着社会的变迁，篮球运动的功能和价值不断地得到开发和挖掘。"竞技性和娱乐性"是篮球运动功能属性中的外在表现。将篮球运动的本质置于"竞技性和娱乐性"的"二元"论中，难免会让人想到篮球运动的本质是"竞技性、娱乐性和商业性"等"三元论"或"四元论"。因为篮球运动始终是在不停的发展，它的价值和功能也在不断地被挖掘出来。

篮球运动作为一种社会文化现象，受到世界各国人民的追捧和喜爱。人们在参与篮球活动、观赏篮球比赛的同时，感受到篮球运动的魅力。"融和论"是基于大众篮球和学校篮球提出的篮球运动本质论。现在，可以看到国内的研究人员已经将篮球运动投放到社会大系统中来思考它的本质属性。篮球运动不仅仅有竞技性，更存在社会性及教育性，并且教育性从篮球运动发明那一刻起，贯穿于篮球运动始终。

篮球运动发展到今天，竞技性成为评价篮球运动的方向标。在强力对抗下的

①　杨桦. 论篮球运动的本质、特征及规律 [J]. 成都体育学院学报，2001（04）：60-62.

②　薛岚. 论篮球运动的本质特征及发展趋向 [J]. 北京体育大学学报，2001（01）：12-14.

③　李明达. 对篮球运动本质、特征及规律的再探讨 [J]. 北京体育大学学报，2005（06）：834-837.

准确成为篮球运动的本质几乎达成了共识。从运动训练学的角度来看篮球运动，篮球运动按运动能力的主导因素分类属于技能类同场对抗性项目，主要表现为以技能竞争为主直接对抗条件下的运动。按动作结构分类篮球运动属多元动作结构中的变异组合项目，主要表现为动作组合形式随比赛的情况而变化，动作复杂、固定与不固定相结合。按运动成绩的评定方法，篮球运动属命中类项目，以进球数确定比赛成绩。从能量代谢的角度来看篮球运动，篮球运动属于有氧运动项目，但是运动员在高强度的攻防对抗中主要是由磷酸原及酵解能为主要供能方式。因此，根据得分多少来评价胜负的篮球比赛，强调对抗下的准确来反映竞技篮球运动的本质应该是没有异议的。然而，篮球运动发展到今天，各种"本质论"都有其合理性，同时也有其局限性。从参与或观赏篮球运动的价值取向上探讨篮球运动的本质，"人的主体地位"为探索篮球运动本质提供了新突破。

（四）对篮球运动本质的再认识

透过现象看本质，对篮球运动本质的认识以历史为起点，探索篮球发明人的根本目的。用社会学的眼光看待篮球运动这一社会现象，不论是竞技篮球还是大众篮球、学校篮球，都必须满足社会利益诉求，其价值和功能必须满足社会发展的需要，最终要促进人的发展。从"人的主体地位"角度出发，篮球运动的本质就是一种教育活动，它的核心是使参与者或观赏者感受到人的价值的存在。它的表现形式是以"人—球—球篮—场地"为固定元素，通过合理的方法和手段，在一定规则约束下，以得分多者为优胜的准确性活动。

教育活动是篮球运动的最根本目的是由篮球运动的历史性和存在性决定的。篮球运动的产生从一开始就打上了为资产阶级服务的烙印。资产阶级通过篮球运动这种手段达到教育和奴化被统治阶级的目的。早期，从欧洲移民到美国的这些教徒在思想和行为上本来就具有一些极端性。参与一些户外活动一方面能够打发大量闲暇无聊的时间，另一方面能在参与运动的过程中能够找到一种心灵上的慰藉。美国的宗教信仰种类繁多，教徒也多。在教会学校开设各种户外活动，对其教徒进行教化，以达到提高国民素质和稳定社会的目的。篮球运动也正是在这样的历史背景下发明产生的。篮球运动的存在满足了广大人民群众的物质文化需求，同时也满足了个体和社会的发展需要。个体在参与篮球活动的过程中能够实现自身的价值，实现一种文化追求，以达到身心的宣泄和平静。这正和美国当时社会发展需要是一致的。19 世纪 90 年代的美国完成从农业国向工业国过渡后，需要一个稳定的社会环境来发展本国的经济、政治、文化。大量户外运动因此产生，其中就包括篮球。从现代篮球运动在全世界开展的情况来看，不论是竞技篮球、大众篮球还是学校篮球，无不是通过篮球运动这种手段达到教化、教育人的目的，人在参与或观赏比赛的过程中得到一种价值的认可、实现。因此，教育性活动是篮球运动做根本的目的。

教育性活动是篮球运动的根本目的，它的出发点是尊重人的发展，尊重人的主体地位。人的主体地位的确立就是使人变成自主、自觉和自由的人。篮球活动的参与者或观赏者中人是主体，篮球运动作为客体，这种主—客关系的确立能够通过篮球运动这种手段实现人的价值的存在。人在参与篮球活动中受到教育，教育能够形成一种力量，即人是具有自主性和创造性。人在参与篮球运动的时候"自觉地"改造自身的自觉性和能力，积极地适应篮球运动客体的变化，实现自我价值的创造。现代篮球运动的发展需要较好的身体条件，以及与之相匹配的身体素质，参与者要想在运动中实现自我价值就必须自觉地改造自身的能力，适应篮球运动的变化；观赏者也要"自觉"或"不自觉"地提升自己的能力，了解篮球运动的相关信息，满足观赏需要。就"人"和"篮球运动"本身而言，人具有目的价值，而篮球运动具有手段价值。"篮球运动"的发展必须符合"人"的发展的需要，这是作为最终的价值取向和价值判断。篮球运动的存在性及规律性之所以有价值，就因为它为人的发展提供了条件，为人的活动服务，为人的目的服务。

篮球运动的参与者或观赏者作为自主、自觉和自由的人，在参与篮球活动的过程中，在规则的约束下达到高度的和谐。人、球、球篮、场地作为篮球运动的固定元素。这是来自篮球运动本身的自然和谐，缺一不可。参与运动的人主要是通过准确的得分为手段，判断比赛的胜负，享受运动的乐趣。篮球运动发明初期，发明者提出该项运动倡导的是一种"文明"反对"野蛮"，于是制定了相应的规则。只有在规则的约束下，个体或群体才能够实现和谐，实现人的主动性和创造性。个体或群体以篮球为纽带进行各种社会关系的交往，实现全面的社会交往和社会活动，最终达到高度的和谐，满足社会关系的高度丰富，实现人的需要和社会需要的和谐发展。

本章小结

对于篮球运动的起源和篮球运动的本质，我们不能孤立里看待这两个问题。从篮球运动的起源，我们可以看出篮球运动的发明不是一种偶然现象。19世纪美国的政治、经济、文化、教育背景已经为篮球运动的发明提供了一个肥沃的土壤。带有强烈宗教文化色彩的美国青年会、教会学校组织，其开展体育活动，发明篮球运动的根本目的是为资产阶级服务，这些运动的本质是一种具有游戏特点的教育活动。在篮球活动中，参与者或观赏者能感受到篮球带给人的乐趣，在享受活动本身激情的同时，也增进了人与人之间的尊重、了解、理解。从篮球运动起源的视角考察、探究篮球运动的本质，我们不难理解篮球运动的本质就是一种教育活动，它的核心是使参与者或观赏者感受到人的价值的存在，人和社会、自然的高度和谐；它的表现形式是以人、球、球篮、场地为固定元素，通过合理的方法和手段，在一定规则约束下，以得分多者为优胜的准确性活动。

第三章　中国篮球文化

文化随着社会的发展而发展，人类文化活动区域系统的形成有其各自的特点。全球背景下的中国文化、中国体育文化、中国篮球文化在人类文化大系统中既存在统一性和综合性特点，同时也具有区域性和差异性特征。中国文化、中国体育文化不属于本文的研究范围，因此不再累赘。中国篮球文化是美国文化和中国本土文化结合的产物，是民族文化在选择、冲突、交融和变迁过程中逐步形成的一种文化现象。这种文化现象的产生、传承、传播经历了一个漫长、曲折的发展过程。中国篮球文化的形成与发展本身蕴藏着历史文化的积淀，人文精神与价值观念的凝聚，物质文明与精神文明的融合，社会非主流文化与主流文化的交替。中国文化对篮球运动的选择是中国社会发展的必然。挖掘、探索、研究中国篮球文化已经成为今天的一个热点话题。学者从不同的领域、角度、层面对中国篮球文化进行探讨，各抒己见，但是到底什么是中国篮球文化？中国篮球文化是什么？面对这些问题，从哲学、逻辑学角度出发，结合文化学、社会学的相关理论，综述当前"篮球文化"的定义，用发展的、动态的观点阐述"中国篮球文化"的概念，并围绕着概念进一步论述"中国篮球文化"的本质和特征，以期为进一步研究"中国篮球文化"建立理论基础和科学依据。

第一节　中国篮球文化的概念梳理

认识"概念"本身就是一种学问。自古以来就有不少大家从哲学、逻辑学角度对"概念"进行辨析。历史上，笛卡尔、莱布尼茨、康德等人对"概念"的特征进行了辨析；苏格拉底、柏拉图、亚里士多德等人从逻辑学角度对"概念"的内涵、外延、本质、特征等进行了探讨。这种科学求索精神背后目的就是为了更加科学、合理地应用"概念"。为了研究"中国篮球文化"的概念，首先重点是探讨如何给事物明确"概念"。

"概念"是反映事物本质属性的思维产物。这种思维是研究人员综合各种知识经过大脑的过滤，进行信息加工后的经验的反映。从哲学的层面来讲"概念"是思维的基本单位，是认识过程中的必然阶段。"概念"内容（内涵）包括所有组成该"概念"的事物的特性和关系。"概念"范围（外延）指所有包括在这个"概念"中的事物，范围相同的概念被称为是"相当的"，在逻辑研究中，"相当的"概念往往被看作是"相同的"。"概念"不是一成不变的，随着人的实践和认识的发展，"概念"也处于运动、变化和发展的过程中。这种发展的过程要么是原有"概念"的内容逐步递加或累进，要么是新旧概念的更替或变革。"概念"本身的发展规律成就了本研究对"中国篮球文化"概念探索的兴趣，也是本研究的出发点。

（一）篮球文化概念的动态发展

篮球文化作为中国体育文化中的一朵奇葩，已经引起学者的广泛关注。中国竞技体育篮球运动管理者也充分认识到研究中国篮球文化的重要作用和意义，并在"首届中国篮球文化论"上指出"中国篮球要完成时代任务，就必须'跳出篮球看篮球，立足全局抓篮球'，就必须在发展理论、发展思路上进行创新……全力打造篮球文化，构建和谐篮球的工作体系"。通过文献资料的收集和整理，对"篮球文化"定义的概念从三个方面进行综述。刘玉林在《现代篮球运动研究》一书中对篮球文化进行了研究，指出篮球文化是体育文化概念的下位概念，从文化的层面进行分析和研究篮球运动的发展，揭示篮球文化现象的内涵。在此基础上，认为：篮球文化是以篮球运动为表现形式，体现体育价值观念、体育道德观的社会意识，围绕篮球运动而创造的物质和精神财富的总和。[①]孙民治、杨伯镛在《关于我国篮球文化的一些思考》一文中对篮球文化的概念进行了研究，认为：篮球文化则是人类社会大文化的一个下位概念。它是世界各地域人群，通过从事篮球活动过程，围绕本体特征不断总结、创新、发展形成的各种有形与无形的、物质与精神的、内容与形式方法的总称。它是社会的宝贵财富，是反映时代演进

---

① 刘玉林.现代篮球运动研究[M].北京：人民体育出版社，2006.

水平的社会现象和意识形态，核心是物质与精神的价值现象。[①]李元伟在《打造篮球文化构建和谐篮球》一文中也对篮球文化的概念进行了研究。认为：篮球文化是指观赏和参与篮球运动的人的思维方式和行为方式的制度化凝结，是篮球运动的知识、技能、习俗和制度总称。其核心是篮球价值观的群体共识，其实质是篮球运动的"人化"和"化人"。[②]郭永波在《篮球文化的理论框架构建》论文中对篮球文化的概念进行了研究。认为：篮球文化从广义来说，隶属于体育文化的范畴，以篮球运动为表现形式，体现体育价值观、体育道德观的社会意识，围绕篮球运动而创造的物质和精神财富的总和。狭义上来说，指通过篮球活动进而获得人的感受性、人的价值观，从而体现出篮球运动的思想、观念和意识，使参与者的身心和谐发展，以精神为核心的社会现象。[③]李颖川、孙民治、于振峰在《新视角下的篮球文化内涵、现状与趋势的再研究》一文中对篮球文化的内涵进行研究。认为：篮球文化属社会文化大范畴内的特殊下位社会现象。篮球文化的精髓是从业者的品位、道德、智能、技能及面对内外环境的才能，它们是多元的文化沉淀、人文景观等等的形式与价值观念。篮球文化也是为篮球事业不断创新发展塑魂的系统工程中的基础环节。[④]巩庆波等在《中国篮球文化研究现状分析》一文中对篮球文化的概念进行了研究。认为：篮球文化是在一定的社会环境下对篮球运动自身特点及规律理解的社会反映，以及由此产生的篮球运动对于开展地区直接或间接作用的价值体现。[⑤]

　　"篮球文化"的定义在一定程度上影响着"中国篮球文化"的研究。"篮球文化"的认识和理解存在差异，是人类对客观世界实践认识的必然反映，这种差异性正好彰显了文化的多样性。篮球文化认识和理解的多样性和差异性，为深入探索中国篮球文化带来了启示和依据，为更加清晰、全面认清中国篮球文化提供了线索。

[①]　孙民治、杨伯镛.关于我国篮球文化的一些思考 [J].上海体育学院学报，2006（2）：30-34.

[②]　李元伟.打造篮球文化构建和谐篮球 [J].体育文化导刊，2006（1）：3-4.

[③]　郭永波.篮球文化的理论框架构建 [M].北京：北京体育大学，2004.

[④]　李颖川、孙民治、于振峰.新视角下的篮球文化内涵、现状与趋势的再研究 [J].北京体育大学学报，2006（6）：726-730.

[⑤]　巩庆波，胡宗媛.中国篮球文化研究现状分析 [J].首都体育学院学报，2008（2）：104-106.

篮球文化研究的学术性和权威性，是对研究者身份的认同。从文献检索的情况来看，对篮球文化的研究在很大程度上受到上述几种"篮球文化定义"思想的影响。当前对篮球文化研究视角的选择繁杂，造成"篮球文化"概念的繁多。对上述几种定义的分析我们发现学者对"篮球文化"的研究似乎都遵循着一个共同的研究范式"文化—体育""文化—篮球文化"。事实上，我们发现对"篮球文化"的界定却出现了差异，主要出现三种描述形式："文化—体育文化—篮球文化""文化—篮球文化""文化—篮球活动"。这三种表现形式反映在逻辑层面上就"属"和"种差"的关系。反映在哲学层面"属"的范围很大，"种差"的界定有限，造成了对"篮球文化"概念的结构、功能、价值等认识方面的差异性和多样性。对研究成果进行分析后，认为"中国篮球文化"属于"篮球文化"的一个下位概念。也就是说不论是中国的篮球文化，还是美国的篮球文化或者其他，都属于篮球文化环境中的一部分，他们之间具有相似性但又存在着区域特征。从以上几个概念中认为有的概念反映的是篮球文化的共性特征，有的概念虽然具有区域性但是没有突出区域篮球文化特点。

（二）篮球文化与中国篮球文化

从某种程度上讲，"文化"是一个发展动态的历史概念。不同国家的专家学者对"文化"的理解提出各自的观点。也许正是因为如此，使体育界对"篮球文化"概念理解呈多样性。

篮球文化作为人类社会发展过程中一种独特的文化形态，其形成、发展、传播离不开对篮球运动历史的考证，但篮球文化不等同于篮球运动发展史。篮球运动的起源并非偶然，通过对篮球运动源起的过程、动机、目的及文化渊源进行探究，表明篮球运动的兴起是人类文明发展的必然选择。可见，篮球文化的形成事实上是一个"人化"过程。在这个"人化"过程中，篮球运动的设计者，从"人"的发展的角度出发，篮球运动作为当时的一项新运动，它首先是一种"文明"的活动，观赏者或参与群体也就是"人"要在活动中受到"文明"的教育，"人"在活动中能够尽情地享受游戏带来的快乐，成为运动中的、自由的、平等的"人"，是一种"化人"的过程。从这个意义上讲，篮球文化可以理解为：以篮球运动为媒介，在人类发展的社会实践过程中，观赏者或参与群体通过篮球运动的对象性活动，主动认识和适应篮球运动的发展变化，谋求自身的生存与发展，获得篮球核心价值观的群体共识，传递价值观念、社会意识等的综合体。

中国篮球文化的产生是篮球运动与中国文化结合的产物，从一定程度上讲是中国文化对外来文化包容、吸纳、创新的结果。现代篮球运动于 1895 年由美国基督教青年会传教士传入我国天津。1896 年，天津基督教青年会举行了我国第一次篮球游戏表演，此后篮球运动由天津逐步向全国各地传播、推广。事实上，篮球运动作为一项新兴的活动在中国社会传播和推广并非易事。中国社会当时正处于半封建、半殖民地时期，中国社会文化心理表现极为复杂。一方面，迫切希望通过西方先进的理念进行社会变革；另一方面，中国封建传统势力极力阻挠先进文化在国内传播。可以说，中国篮球文化形成的早期基本处于非主流状态。从性质上讲，是一种披着宗教文化外衣的殖民文化。然而，中国五千多年传统文化的积淀，以开放、包容的姿态接受了篮球文化。在篮球运动传入中国一百多年的历史长河中，中国篮球文化作为一种具有中华民族和中国所特有的文化模式而得到世界的认同。实际上，中国篮球文化就是篮球文化与中国传统文化结合而产生的一种带有明显中国元素，能够反映中国内在民族精神、传统习俗、价值取向、理论规范所构成的相对稳定的行为方式。中国篮球文化作为世界篮球文化的一个分支，具有自己的民族文化特性。中国篮球文化把每一个中国人的个体行为都包容于文化整体之中，并赋予它特有的意义。同时，借助篮球运动媒介，展示中国社会群体的思想观念和心理状态。

第二节　中国篮球文化的本质探索

"文化"本质的认识属于一个哲学的范畴，中国篮球文化本质是建立在辩证唯物主义基础上的马克思主义哲学观。在马克思看来，文化的本质是人化。1876年，恩格斯在《劳动在从猿到人转变过程中的作用》一文中指出，文化就是人化，起源于劳动。在中国，毛泽东同志认为："人"成为文化本质的逻辑起点，"人"的实践活动是文化本质的现实根基，"人"的自觉能动性构成文化本质的最终归属。

篮球运动的形成、发展、传播离不开"人"的思想、意识和行为。从这个意义上讲，篮球文化的本质应该由"人"的本质决定。"人"的本质在于社会实践，篮球文化是"人"的实践创造物，"人"成为篮球文化的主体，篮球文化的本质就是"人"的实践创造性，也就是"人化"的过程。篮球文化的最终归宿不是仅仅满足"人化"的过程，篮球文化的终极价值就是实现"化人"的目标。从唯物史观的基本原理出发，篮球文化是"人"在物质生产的基础上形成，由物质生产实践需要所推动，篮球文化的本质力量在精神层面的展示，是对"人"的物质生产能力不可或缺的补充。所以，篮球文化的本质反映的是物质实践与精神实践的双重性，物质实践需要借助精神创造的成果发挥潜能，而精神实践则需要物质实践为载体使自身发扬光大。中国篮球文化作为世界篮球文化的重要组成部分，其文化的本质是相同的，但具有自身民族文化的独特性，这是世界任何篮球文化都不具有的特性。民族文化对世界文化具有不可替代的价值，在中国传统文化的特定环境里，每一个篮球运动的爱好者、参与者、参与群体都接受了大量的、系统的中国文化遗产，经由自己的实践和发展，代代相传。"人"和篮球文化就这样互相塑造、互相推动、互相教化，构成中国篮球文化发展的固有趋势。

第三节　中国篮球文化的基本特征

（一）融合性和发展性特征

中国篮球文化的融合性实际上反映的是中西方文化碰撞之后的结合性。篮球运动的发明并非中国固有的文明成果，有学者认为中国篮球文化是殖民入侵的结果，带有明显的被动入侵的特征。篮球运动成为西方宣传其文化先进性的工具，具有殖民文化的隐蔽性功能。然而，中国五千多年优秀传统文化，经过东西方文化交流的激烈碰撞之后，中国文化接受了这项运动，篮球文化成为中国文化不可分割的一部分。中国篮球文化的发展性是指篮球文化从非主流文化向主流文化转变的发展过程。篮球运动一开始并非被中国群体接受，可以说，篮球运动传入中国的早期，中国篮球文化是一种非主流文化。随着篮球运动的传播，越来越多的人参与到这个项目中，并且通过篮球运动享受公平、公正的价值理念，篮球文化实现了从非主流向主流嬗变，篮球文化作为一种主流体育文化得到认同和传播。

（二）民族性和人类性特征

中国篮球文化的民族性指的是中华民族传统文化的独特性。以儒家思想为核心的中国传统文化源远流长，博大精深，成为世界文化遗产中的瑰宝。中国传统文化借助篮球运动媒介，彰显本民族的个性、人文思想、价值理念。从一定程度上讲，中国篮球文化的民族性是中国篮球文化的根本，是区别于其他文化存在的重要标志。篮球文化既是民族的也是全人类的。文化在交流中传播，在交流中彰显魅力。中国篮球文化打上了民族文化的烙印，使得中国篮球文化拥有自己的独特创造方式、存在方式和服务方式。中国篮球文化通过"人"的活动，借助篮球运动媒介，同世界各民族文化进行交流，在交流中相互学习，取长补短，互为借鉴，求同存异，共同发展。这种文化交流最终超越民族界限达到人类共同的同一需求和理想。

（三）竞技性和群众性特征

中国篮球文化的竞技性主要指通过篮球运动竞赛而呈现出来的竞争性。竞技性作为篮球运动特有的属性，特别是中国男子篮球职业联赛（Chinese Basketball Association，CBA）、中国大学生篮球联赛（Chinese University Basketball Association，CUBA）等高水平篮球联赛通过体能、技术、战术、智能、心理展示篮球文化的魅力。同时，正是因为具有竞争性，才使篮球文化的娱乐性、教育性和艺术性得以呈现。中国篮球文化的群众性反映的是中国群众对篮球运动的认同及其喜爱程度。篮球运动作为一项没有年龄界限、男女平等，童叟皆宜的运动。参与群体能够在活动中享受篮球运动带来的快乐，感受篮球运动的美，拉近人与人之间的心理距离，更为重要的是能够达到强身健体、增强体质的效果。

（四）创造性和创新性特征

中国篮球文化的创造性就是中国人在谋求满足其基本需求的过程中，创造了与生存环境相适应的文化。这种被创造出来的篮球文化，时刻规范、约束着中国人的生存行为和思想，并随着生存环境的变化不断发展和变迁。正如中国篮球文化沿着"教会学校—学校—社会"传播路径，在中国开创出一个崭新的天地，成为一项喜闻乐见的运动。中国篮球文化的创新性是中国篮球文化发展的动力,中国篮球文化的灵魂就在于创新,但中国篮球文化创新的前提是保持民族性。篮球文化从一开始就属于一种外来文化,但中国篮球文化能够在世界篮球文化舞台上获得一席之位,其根本原因就在于保持民族性优势文化的同时以创新发展的理念形成新的文化形态。

本章小结

中国文化对篮球运动的选择是中国社会发展的必然。中国篮球文化是中国本土文化和美国文化结合的产物，是与民族文化的选择、冲突、交融和变迁过程中逐步形成的一种文化现象。中国篮球文化的形成与发展本身蕴藏着历史文化的积淀，人文精神与价值观念的凝聚，物质文明与精神文明的融合，社会非主流文化与主流文化的交替。从哲学、逻辑学角度出发，本章结合文化学、社会学的相关理论，综述当前"篮球文化"的定义，用发展的、动态的观点阐述"中国篮球文化"的概念，并围绕着"概念"进一步探究"中国篮球文化"的本质和特征，以期为中国篮球文化研究提供理论参考。以"概念"为起点，篮球文化是指以篮球运动为媒介，在人类发展的社会实践过程中，观赏者或参与群体通过篮球运动的对象性活动，主动认识和适应篮球运动的发展变化，谋求自身的生存与发展，获得篮球核心价值观的群体共识，传递价值观念、社会意识等的综合体。中国篮球文化是中国传统文化与篮球运动相结合的产物。中国篮球文化就是篮球文化与中国传统文化结合而产生的一种带有明显中国元素，能够反映中国内在的民族精神、价值取向、习俗、理论规范所构成的相对稳定的行为方式。中国篮球文化的本质是建立在篮球文化本质即"人"的实践创造性基础上反映物质实践与精神实践双重性的本质论。中国篮球文化的基本特征主要体现在融合性和发展性特、征民族性和人类性特征、竞技性和群众性特征、创造性和创新性特征四个方面。

第四章　高校篮球文化

国家体育总局篮球运动管理中心原党委书记兼副主任李元伟先生，在"打造篮球文化构建和谐篮球——首届中国篮球文化论坛的讲话"中强调："坚持以人为本，构建篮球文化。着眼于人的全面发展和社会的和谐进步是发展篮球运动的根本目的。在篮球工作中树立科学发展观必须把基点放在以人为本上，把关心人、尊重人、解放人、发展人作为篮球发展的目的。这是篮球发展的价值基础和动力源泉。"并确立了中国篮协未来几年的四项重点工作，其中第四项就是加强篮球文化的建设，为篮球事业铸魂。中国的篮球文化建设在统一的指导思想下，正发生着巨大的变化。我国高校既是人才培养的摇篮又是篮球文化建设的基地。自1891年美国的奈史密斯博士发明篮球运动项目以来，虽然他的初衷是为了在冬季丰富学生的体育课内容，吸引学生的参与，但没想到篮球运动本身固有的特点和魅力，促使篮球这个项目得到了空前的发展。特别在高校，篮球活动更是成为大学生交际、交流和沟通的平台。各种规模的篮球比赛在校园里一茬接一茬的举办，CUBA、大超联赛及校际联赛等大型比赛成为高校校园篮球盛宴，甚至成为一批批青少年追梦的天堂。"打篮球是我的梦想，上大学是我的梦想，CUBA是我圆梦的地方""领悟文化，领悟体育，领悟篮球"等口号在体育馆里随处可见。高校篮球文化对大学生的成长成才发挥着潜移默化的作用，研究、挖掘、培育和创新高校篮球文化不仅能营造良好的校园育人环境，更重要的是能为新时代中国式现代化建设，培养所需要的德、智、体、美、劳全面发展的社会主义建设者和接班人。

第一节　高校篮球文化的概念特征

（一）高校篮球文化的概念

文化是人类改造自然、认识和实践社会的活动总和。篮球文化的形成是篮球运动项目在长期发展和变迁过程中的积淀。篮球文化应该包括篮球精神文化、篮球制度文化和篮球物质文化这三个层面。其中，篮球精神文化层面中思想、价值观等占主导位置，篮球制度文化是篮球精神文化在篮球运动中行为和活动的体现，篮球物质文化实际是篮球精神文化通过人们的实践在物质产品上的体现。高校篮球文化是篮球在大学校园里经过培育和发展的一种文化现象，其涵义的本质等同于篮球文化，两者的关系属于概念的外延和内涵。但是，高校篮球文化有他的特殊性，篮球运动中蕴含的价值观、高校篮球的理念等构成了高校篮球文化的精神层面。篮球组织、规章制度和公约等是篮球精神文化在篮球制度上的反映，形成了高校篮球制度文化。高校的体育场地、设施、器材、运动装备等就是物质层面的具体物质产品，形成了高校篮球文化中的物质文化。因此，高校篮球文化的涵义可以理解为：高校篮球文化是指大学生群体中观赏和参与篮球运动的人的思维方式和行为方式的制度化凝结，是推广、普及、传承、创新篮球运动的知识、技能、习俗和制度的总和。其核心是重在参与全面育人的大学精神，其实质是感受篮球、享受篮球。

（二）高校篮球文化的特点

高校篮球文化是一种特殊的文化现象，它以大学生作为主体，以篮球运动为载体，反映大学生特有的思想观念、价值取向和行为规范的一种文化形态。高校大学生是具有活力，活泼开朗，阳光积极，容易接受新事物。不同的历史阶段，高校大学生承载着不同时代的文化气息，大学生的言谈举止、穿着打扮、行为方式、观念意识等在高校文化的熏陶中烙下深深的印记。高校篮球文化作为高校文化的重要组成部分，一方面具有和文化相同的结构功能，另一方面高校篮球文化在文化的形成的过程中，也独具自身的特点。

物质文化是高校篮球文化的重要载体，篮球运动是大学生进行自我完善、自我发展的主流运动形式。篮球通过场地环境、场地器材、场地设施及外在的附加物件，比如条幅、墙画等，看得着，感触得到的器物来反映篮球文化氛围。作为大学校园最具有标志性的篮球运动训练、篮球运动竞赛也是篮球物质文化的重要表现形式。大学生个体的自我身体训练也是高校篮球物质文化的重要反映，通过篮球运动的力量、柔韧、灵敏等专项训练，大学生的身体形态和机能得到明显的改善。高校篮球文化是一种制度文化。篮球运动本身的比赛制度和规则对运动员是一种约束和规范。它以严格的规则为竞争双方提供人们在日常生活环境中所没有的理想化的公平竞争条件。高校篮球文化是一种精神文化。篮球运动固有的特点对大学生的精神世界和社会行为产生很大的影响。在篮球运动中表现出来的集体配合精神，团结友谊精神，顽强拼搏精神，以及爱国主义精神和国际主义精神等都是人类精神文化的折射。

第二节　高校篮球文化的价值意蕴

马克思在《资本论》中指出：未来教育对所有已满一定年龄的儿童来说，就是生产劳动同智育和体育相结合，它不仅是提高社会生产力的一种方法，而且是造就全面发展的人的唯一方法。篮球是学校体育教育的一个运动项目，篮球文化隶属学校体育文化的一个亚文化。篮球运动和文化教育结合，不但能强健体魄，更主要的是培养人的精神品质，使人的身体素质、道德精神得到全面和谐的发展。篮球文化氛围的形成对人类社会的物质文明和精神文明都有着明显的促进作用。虽然在很长的一段时间里，篮球文化的影响力没有得到认可，但是近几年来随着校际、校内各种大型篮球比赛活动的开展，以及新闻媒体的传播，大学生对篮球知识的了解和对篮球明星的崇拜等现象的出现，各高校的高层管理部门充分认识到篮球文化在培养人的全面发展中起到非常重要的作用，纷纷将高校篮球文化建设摆在一个重要的位置加以认真对待。于是举办各种篮球文化节、篮球比赛周、篮球明星邀请赛、篮球知识宣传栏等，烘托营造篮球文化氛围。这些举措足见篮球文化对高校的影响，并显示出篮球文化在人的全面发展中必要性的地位。

毛泽东在《体育之研究》中指出：体育的作用在于强筋骨、增知识、调感情、强意志，使人"身心并完"。篮球文化的作用主要就体现在"调感情、强意志"。在 CUBA 和大超联赛的带动下日益浓郁的篮球氛围，从旭日初升到夕阳西下，篮球场上永远是一派生龙活虎的场面。"打篮球是我的梦想，上大学是我的梦想，CUBA 是我圆梦的地方""领悟文化，领悟体育，领悟篮球"。"以高水平运动队为龙头，以学生社团和院系、班级为基础，篮球活动蔚然成风。"篮球场就像学校跳动的脉搏，让每一个走进校园的人都能感受到青春的活力。高校篮球文化用它特殊的方式培养和塑造每一位学子，大学生在篮球运动中得到的不仅是发达的肌肉、机敏的头脑，更主要是健全的心理素质和高尚的情操。通过篮球制度的约束，要求公平竞争，遵守规则，遵守竞赛纪律。反对在竞赛中弄虚作假和营私舞弊，反对使用禁止获取胜利的方式，反对非伦理道德的行为，如举止粗野、弄虚作假、有意伤害对手等。在开展竞赛活动和组织观看比赛时，要求裁判公正执法。培养和教育学生诚实遵守规则，公平竞争，求真求实，自我控制，引导学生形成和完善正确的人生观和价值观。篮球物质文化，要求着装统一，搭配和谐大方，场馆开阔明亮，设施先进齐备，器材规格统一。

第三节　高校篮球文化的建设模式

（一）高校篮球文化的育人功能

21 世纪高校篮球文化作为教育人、培养人、塑造人，为社会主义现代文明服务的特殊文化现象，其建设要适应和谐社会发展的要求。根据要求，构建高校可持续发展的篮球文化建设模式，成为学校教育的有效手段。高校篮球文化育人主要围绕主体、客体、内容、载体、环境等要素，将篮球运动的知情意和真善美，融入学生的精神血液中，培养塑造成自由全面发展的社会主义接班人。篮球文化育人的主体主要包括高校的管理者、教师、教练员及教辅人员。篮球文化育人的客体主要指的是大学生，也包括一些社会人员，甚至家属及教职员工的子女。大学生思想活跃、精力充沛，正处于世界观、价值观、人生观形成的关键时期，高校篮球文化的先进性、包容性、融合性在一定程度上能够决定青年大学生的价值取向。高校篮球文化从微观的角度上说，主要是通过篮球训练、篮球教学、篮球竞赛、篮球课外活动等不同的形式，将篮球运动的理论知识、人文素养、技能技巧等传授或传达给大学生。高校篮球文化在育人的过程中，依赖其独特的内在机制来推动篮球文化的运行。高校篮球文化的育人动力机制主要包括基础、动力、途径三个部分来实现。实践是篮球文化育人的基础，主要通过篮球运动锻炼来实现大学生自身体魄和运动素养的形成。高校篮球文化育人的动力来源于篮球运动的主客体之间的内在需求，篮球教练或教师作为文化推动的主体，主要成承担育人的教育任务，青年大学生作为文化推进的客体，主要承担精神、内涵及行为塑造培养的任务，最终成为自由全面发展的社会主义建设者和接班人。

（二）高校篮球文化的发展模式

以 CUBA 和大超联赛为龙头弘扬高校篮球文化。如今 CUBA 和大超联赛成为大家耳熟能详的高校篮球比赛，借篮球打造高校篮球文化的体育比赛，不仅仅是一种娱乐方式，更是一种文化。它们有自己的会徽、会歌和吉祥物，会徽饱含感情和意义，会歌激情响亮，吉祥物特征鲜明。它们有自己赛区和赛制，确保篮球文化和校园文化的火焰映红祖国大江南北高校的每个角落。它们有自己的赛事口号，语言生动、文字洗练、格调清新，从各个角度折射出大学联赛的特色、主张和文化气息。例如，"领悟篮球，领悟体育，领悟文化""中国篮球新感觉""上大学是我的梦想，打篮球是我的梦想，CUBA 是我圆梦的地方""青春、激情、时尚、个性""激发潜能、超越自我"。所有的这些都是通过联赛平台，传播地域特征文化，传播健康向上的高校篮球文化。

篮球活动作为一种有效的交流手段，可以促进校与校、院与院、系与系、班与班、人与人之间的沟通、理解、合作。校园篮球活动是师生课余生活重要的内容之一，充分利用校内外的师资力量和场馆设施组织篮球活动，丰富师生的文化生活，提高校园篮球文化档次。高校的篮球队在篮球文化的建设中起到举足轻重的作用。一方面，高校篮球群众基础比较好，篮球人口多，起到模范榜样的作用，能增强师生的凝聚力，成为校园关注和评论的焦点。另一方面，高校的篮球队是一面旗帜，是学校精神文明的窗口，是扩大学校知名度的品牌。

以篮球规则和相关管理条例为依托，规范高校篮球文化。篮球规则的产生和细化确保了篮球运动的发展，高校相关管理条例的出台保证了篮球活动健康、可持续开展。高校篮球文化的形成和沉积是一个漫长的过程。在这个发展过程中有积极的部分，也有消极的部分。要保证积极的高校篮球文化健康可持续的发展就必须要有一个健全的制度体系。制定制度和遵守制度就是一种文化积淀的过程，规范化的管理是健康篮球文化得以生存的有效保障，高校师生、员工时时刻刻都可以感受到这种文化的制约和熏陶。制度文化会影响行为规范，这种良好的循环将推动高校篮球文化的发展。

以现代科技和新闻媒体为手段传播高校篮球文化。21世纪是信息高度发达的时代，高校篮球文化作为教育人、培养人、塑造人，为社会主义现代文明服务的特殊文化，应该通过现代科学技术迅速传播。高等院校可以通过各种方式传播和交流校际、校内篮球文化，达到培养人、教育人和塑造人的目的。校园网络视频、校园广播、校园报纸期刊在高校篮球文化传播过程中扮演着重要的角色。通过这些有效的途径可以宣传积极、健康、向上的篮球文化，如CUBA、大超联赛及本校的篮球队等等。当形成这种健康积极的文化氛围，受到鼓舞的学生就会形成积极进取的心境，有利于他们形成良好的价值观、世界观、人生观。

本章小结

高校作为人才培养的主阵地，承担着为国家培养人才的重要任务，高校教育重在文化育人，培养人的知情意和真善美，塑造完美的人格。高校篮球文化隶属体育文化的一个亚文化，是校园文化的重要构成部分。本章从哲学的角度探讨了高校篮球文化的涵义，高校篮球文化是指观赏和参与篮球运动的人的思维方式和行为方式的制度化凝结，是推广、普及、传承、创新篮球运动的知识、技能、习俗和制度的总和。其核心是重在参与全面育人的大学精神，其实质是感受篮球，享受篮球，超越篮球。通过分析高校篮球文化的三层次结构，进一步阐述了高校篮球文化的特点。高校篮球文化的最大价值表现在，篮球运动和文化教育结合，不但能强健体魄，更主要的是培养人的精神品质，使人的身体素质、道德精神得到全面和谐发展和提高。篮球文化氛围的形成对人类社会的物质文明和精神文明都有着明显的促进作用。通过结构功能的分析剖析了高校篮球文化育人的构成要素，围绕高校篮球文化的育人基础、育人动力和育人途径，进一步分析了高校篮球文化的育人机制及高校篮球文化的建设模式。

第五章 职业篮球文化

在资本主义市场经济条件下，美国职业篮球经历了一百多年的发展，实现了NBA篮球的市场化、职业化、产业化。如今，中国成功地实现社会主义政治经济体制改革，中国职业篮球也正在向职业化、市场化、产业化迈步。美国职业篮球联盟是根据市场规律专门创办的组织机构，而中国职业篮球组织机构具有"计划经济"的管理属性，同时在经济转型过程中又具有社会参与管理的"民间"属性。现阶段，我国职业篮球在管理上还处于粗放型，存在产权不清晰和利益分配不合理的问题。借鉴、吸收美国职业篮球文化发展的经验和模式，为我国篮球运动实践提供了现实依据，在一定程度上丰富了我国职业篮球运动发展的理论体系。

第一节 美国职业篮球文化的历史演进

篮球运动起源于美国，美国有着丰富的篮球文化底蕴。同时，美国当时政治经济文化相对稳定，正处于资本主义市场经济快速发展阶段。因此，美国的职业篮球是在市场经济条件下，为满足篮球运动发展的需要而直接产生的。但是，美国职业篮球的发展也不是一帆风顺的，它也经历了一个曲折的发展过程。美国职业篮球划分为如下几个阶段。

（一）起始阶段（1898—1932年）

费城—特伦顿是美国最早开展职业篮球运动的地区。1898年第一个职业篮球联盟，即"国家联盟"National League（NL）成立。1901年成立了"美国篮球联盟"American Basketball League（ABL1）。1902年成立"费城联盟"。1903年成立了"美国篮球联盟"American Basketball League（ABL2），其中ABL1和ABL2

成为当时 NL 的有力竞争对手。1925 年以后美国经济高速增长，第三个"美国篮球联盟"American Basketball League（ABL3）成立，该联盟于 1931 年解体，然而该联盟却取得了明显的进步，组织者吸取前人的经验完善了一些组织制度和管理制度，甚至还控制球员在联盟内部球队的无序流动。20 世纪 30 年代到 20 世纪 40 年代仅有东部的"美国篮球联盟"（ABL4）和中西部的"国家篮球联盟"（NBL）两个地方性的篮球联盟使职业篮球得以继续下去。

（二）曲折发展阶段（1933—1949 年）

美国职业篮球出现了"三足鼎立"的局面。这三足分别为 1933 年东部成立的 ABL4，1937 年中西部成立的"国家篮球联盟"National Basketball League（NBL）和 1946 年 6 月 6 日由 11 位冰球馆老板组织成立的"全美篮球协会"Basketball Association of America（BAA）。其中 ABL4 使美国职业篮球进入了一个新的时代，组织者非常明确地将职业篮球当作一个大的商业活动来运作，并对赛制进行了改革。然而，三个联盟各有其自己的发展战略。僵局的打破就是资源的扩张，BAA 城市发展战略刚开始并不是一帆风顺，常常面临着生存问题。BAA 在门票锐减，联盟又不能扩充新的球队的情况下聘请了毕业于美国耶鲁大学的律师——普多洛夫。普多洛夫上任后，首先将当时效力于 NBL 的当红明星乔治·迈肯招募到 BAA 旗下，并在 1947—1948 年赛季将 NBL 最强大的四支球队：明尼阿波利斯湖人对、韦恩堡活塞队、罗切斯特皇家队、印第安纳波利斯步行者队策反到 BAA 联盟，这一事件给了 NBL 致命的一击。在 1948—1949 年度赛季中迈肯所在的湖人队击败了华盛顿国会队夺得了该赛季 BAA 的总冠军。1949—1950 年度赛季中，NBL 的另外 6 支球队：安德森、Syracuse、Tri-City Blackhawks、Sheboygan Red Skins、Waterloo Hawks、Denver Nuggets 也加入了 BAA，而 BAA 的始创球队之一普罗维登斯蒸汽机队却宣布解散。BAA 实现了将 NBL 的大合并，为了避免在法律上的麻烦，BAA 正式改名为 National Basketball Association（NBA）。NBA 的成立标志着 BAA 的大都市发展战略获得成功，标志着"三足鼎立"时代的结束。

（三）第二次垄断发展阶段（1950—1953 年）

NBA 的成立给 ABL4 的生存带来了巨大的压力，在 NBA 成立后的第四年即

1953 年，ABL4 宣布解体。NBA 开始了第一个职业篮球的垄断时期从 1953/54—1960/61 赛季，但是 NBA 并没有利用这个机会来发展自己，比赛的水平不高经常出现比分一边倒的局面，比赛不激烈结果缺少悬念，观众冷冷清清不能吸引更多的球迷。NBA 大都市发展战略的转移还没来得及占领所有的大都市市场，巨大的市场潜力和预期的利润又吸引了一个竞争者——"美国篮球联盟"American Basketball League（ABL5）。ABL5 成立于 1961 年，创造者是亚伯·萨波斯坦（Abe Saperstein）。萨波斯坦有高度的市场洞察力，他在当时还没有被 NBA 占领的大城市像芝加哥、匹兹堡和华盛顿特区等成立 ABL5 的球队，他自任 ABL5 联盟的总裁，同时是芝加哥球队的唯一所有者，还拥有联盟内一些球队的股份。联盟成立之初拥有 8 支球队，其中最为强大的球队是 George Steinbrenner 拥有的克里夫兰管道工队因为该队拥有全国冠军俄亥俄州队的明星球员 Terry Locus。这支球队在黑人教练 John McLendon 的带领下轻而易举地夺取了 ABL5 第一个赛季的总冠军。从而使得 John McLendon 成为美国历史上第一位职业体育大联盟聘用的黑人教练。ABL5 联盟失败的主要原因是萨波斯坦将他成功的企业管理经验完全照搬到职业篮球联盟的管理上。于是，ABL5 不得不在 1963 年 1 月 1 日宣布联盟解体。NBA 积极地将这些球队合并到自己的联盟来，ABL5 的解体标志着 NBA 第二次垄断经营（1963/64—1966/67）这 4 个赛季。然而，NBA 仍没有把握好这个发展机会，联盟球队仍然在 9～10 支的规模上。

（四）发展改革阶段（1967—1976 年）

20 世纪 60 年代后，NBA 中出现了两位传奇超级巨星——张伯伦和拉塞尔。但是他们俩也没有给 NBA 带来很大的改变，从整体的观赏性和球迷的热情来看，当时 NBA 职业篮球在市场竞争中远不如职业棒球和职业橄榄球。特别是 1966 年 NBA 仅剩下 10 支球队，大多数比赛平淡无奇，场上观众冷冷清清，整个赛季也没有几场比赛通过电视转播，队员的工资也不高，还得自己掏钱买球鞋，NBA 几乎在困境中挣扎。1967 年 2 月 2 日，美国又一个职业篮球联盟 "美国篮球协会"American Basketball Association（ABA）在纽约宣布成立。ABA 对 NBA 构成了较大的威胁，这两大联盟开始了长达 9 年的竞争。ABA 选择聘请 20 年前 NBA 著名 "巨人"中锋乔治·迈肯为总裁。他上任后的第一件事就是把当时棕色球改为红、白、篮三色球以便于当时的电视转播，并坚持采用三色球作为自己正式比赛用球。ABA 的三色球也立刻风靡美国，几乎成了 20 世纪六七十年代最时髦的大众体育用品，全国无数工厂都在制造三色球，但是由于没有进行专利保护和进行市场开发，ABA 没有从迈肯提出的三色球中挣到一分钱。经济上的不景气正是ABA 九年后被 NBA 吞并的重要原因之一。迈肯上任后的第二个改革就是向所有能打篮球的人敞开联赛大门，特别是那些大学尚未毕业的大学生，这给 NBA 造成了很大的压力。另外，为了增加比赛的精彩程度，ABA 还采用了三分球规则和全明星赛中的扣篮大赛。虽然 ABA 的这些举措对 NBA 确实构成了较大的威胁，但在整个竞争中处于下风。

观众上座率一直是困扰 ABA 发展的问题，在当时情况下各大球队的收入主要依靠门票，而门票与上座率是成相关性的。另外一个 NBA 击败 ABA 的原因就是电视转播费。NBA 早在 1964/65 赛季就与 ABC 签订了电视转播合同。从1964/65 到 1968/69 赛季，NBA 的电视转播收入都是 150 万美金 / 赛季。从与ABA 开始竞争的第二个赛季到第四个赛季（1969/70—1971/72），NBA 的电视转播费涨到了 550 万美金 / 赛季，1972/73 赛季则与 CBS 签订了四个赛季，880 万美金 / 赛季。这些都是 ABA 不可能达到的经济收入，同时也是成为 ABA 失败的主要原因。经历 9 年的对峙后，1975—1976 赛季双方都被抬起的合同价格压得难以承受，在这种形势下，ABA 和 NBA 的两位新总裁得布斯彻尔和奥布莱恩（NBA第三任主席）经过反复协商认为只有联合起来，才能有广大的市场和渡过危机的保障。1976 年 6 月 17 日 ABA 和 NBA 的合并协议的宣布标志着 NBA 第三次垄断时期的结束开始走向繁荣。

（五）成熟发展阶段（1976 至今）

1976/77 赛季，NBA 拥有 22 支球队，球队的数量稳步提高，发展 1997/98 赛季 NBA 共有 29 支球队分布在美国和加拿大广泛的地区。目前，NBA 将联盟内球队控制在 30 支。1984 年大卫·斯特恩接替奥布莱恩成为 NBA 总裁，NBA 的垄断地位显得更为明显，成为一个全球性的跨国公司。NBA 一年仅靠出售授权产品的收入就远远超过了 30 亿美元，为 NBA 创下了巨额利润，将每年收入为 6.25亿美元的职业棒球联盟和总收入为 7 亿美元的美式橄榄球联盟远远抛在后头。而且 NBA 几乎垄断了美国职业篮球的竞赛产品市场，并不断地向海外拓展。作为传播媒介的职业篮球的电视广播市场也被 NBA 垄断了，有职业篮球电视转播需求的广播电视公司很多，但提供转播的只有 NBA 一家，联盟内的所有者把全国甚至国际性的电视转播权都委托给了 NBA 总部，从而达到限制联盟内球队间的竞争，以保证联盟获取电视转播的垄断租。为了保证联盟内每个球队拥有一定范围的领地权，NBA 联盟限制球队的进入控制总体数量；同时，对职业篮球最为重要的生产资料——球员的进入 NBA 也加以限制，保证了 NBA 高水平的对抗性和竞争性。大卫·斯特恩成为 NBA 走向全球化的关键性人物，NBA 的市场化运作无论是从球队数量、联盟组织还是产品市场、媒体运营等，都带有强烈的垄断色彩。垄断保证了 NBA 联盟最大限度上获取利润，也是 NBA 联盟走向繁荣的根本原因。2014 年 2 月，大卫·斯特恩宣布卸任 NBA 总裁职位，亚当·萧华开启了 NBA 全球化的新时代。

第二节　中国职业篮球文化的历史演进

近代中国是一个政治不稳定、经济文化不发达的社会。从一定程度上讲，当时中国不稳定的局势严重影响了近代中国篮球运动的发展。职业篮球是篮球运动发展到一定阶段的产物，它与一个国家的国情、政治经济文化体制有着密不可分的联系。回顾中国职业篮球的发展过程，也就是回顾中国篮球运动的一个过程。但是，它们之间不是一个简单的历史组合，而是伴随着中国篮球运动的发展，它的一些管理体制、运行机制为中国职业篮球的发展提供了可研究的蓝本。中国篮球运动的早期发展历程是中国实行职业篮球改革（1995 年）发展过程中的一个重要组成部分，是研究中国职业篮球文化发展的逻辑前提。

（一）起始阶段（1908—1949 年）

1895 年 9 月篮球运动传入中国天津。1908 年，美国青年会派遣艾斯纳博士前往中国，在上海成立了青年会体育部，并举办了体育干事训练班。然而，直到 1912 年篮球运动才在国内广泛开展，中国人才开始真正地认识篮球运动，吸收西方篮球文化。1912 年秋季，北京的清华大学、汇文书院、通州协和书院举行首届"三角篮球对抗赛",这是华北地区组织篮球对抗赛的开端。1924 年 5 月 22 日全国第一个体育组织"中华体育协进会"成立,随后上海成立了篮球联合会,参加单位由学校和社会各团体组织的球队。1935 年,华北体育联合会与各省、市、区接洽筹办第十九届华北运动会,但因经济所限和抗日战争的原因而未能举行。1942 年,上海华联药厂老板张淮强成立了第一支旧中国时期以篮球为职业的篮球队,该队在 20 世纪 40 年代中期雄霸上海多年,并在 1945 年摘取上海是篮球联赛冠军。20 世纪 40 年代后期,上海正泰橡胶厂老板杨少振是个篮球爱好者,为了振兴企业,他以该厂生产的"回力"牌球鞋为队名组建篮球队以招揽顾客,这支以上海人和东北人为主的球队在技术上集北方人快速粗犷和南方人的细腻、灵巧的特点为一体,1949 年夺取上海篮球联赛冠军,"回力"队所属企业的回力球鞋在国内和东南亚成为抢手货,杨少振成为全国的"橡胶大王"。这支职业队为1953 年上海市成立专业篮球队注入了原始积累。1947 年 10 月,上海《大公报》的一些新闻界知名人士组建了一支"大公篮球队",组队集训不久就与"华联""回力"篮球队形成三足鼎立的局面,但这支篮球队最终因没有雄厚的财力支持而溃散。华南、华中、华西在当时出现这样的组织较少。

(二)曲折发展阶段(1950—1971)

新中国的成立标志着中国完成了从新民主主义到社会主义的转变,与集权式的政治体制和经济体制相适应的体育体制逐步形成。1949 年 10 月 26 日,召开了中华全国体育总会第一届代表大会,正式宣布改组了原"中华全国体育协进会"的组织。1951 年 5 月 4 日—18 日,在北京举行了中华人民共和国成立后第一次篮、排球比赛大会。1952 年陆续成立了中央、华东、中南、西北、东北、西南体育学院,并组建了各院校所属的竞技指导男、女篮球队,招收本地区优秀篮球运动员入院学习,参加全国竞赛活动;在中国人民解放军各大军区及各军种里,也设有篮球队建制。同时,中国政府主管体育的行政部门——中央人民政府体育运动委员会成立。1956 年国家体委公布了《运动竞赛制度的暂行规定》,后来经过修改实施,使全国篮球竞赛活动在统一的规划下举办一年一次锦标赛、一次甲级队联赛和一次乙级队联赛。1957 年的全国篮球联赛改为甲、乙、丙 3 级升降级的联赛制度,取消了全国锦标赛。同时,还有等级队的分区赛和少年锦标赛等形式,增加了竞技的次数和适当延长了赛期，从而促进了篮球运动的普及和发展。同年，为了加强对球类运动的领导，成立了球类司，球类司下设有篮球科。根据苏联开展体育活动的经验，我国开始在全国建立青少年篮球训练机构资格地业余体校开展训练班，并且还建立了竞赛体系、运动员等级制度和裁判员等级制度，初步建立篮球后备人才培养体系。1960年由于理论研究成果没有及时指导运动实践，加上国家遭受严重的自然灾害，一些运动队进行调整、训练不够，导致运动水平下降。1964年国家体委在上海召开训练工作现场会议，提出"从难、从严、从实践出发，进行大运动量训练"的原则，各地篮球队积极贯执行，篮球运动又出现了蓬勃向上的好势头。但不久，我国篮球运动发展受到当时大环境的影响，水平急剧下降。

（三）复苏阶段（1972—1978年）

1972年，举行全国5项球类运动会，部分国家领导人出席闭幕式，给中国现代篮坛以极大的鼓舞，使处于停滞状态的中国篮球运动得以复苏，篮球训练、竞赛和国际交往活动开始恢复。1973年恢复举办全国篮球联赛，但没有升降级，只设有第一赛区、第二赛区，参加总赛区的球队由分区赛的名次决定。1981年12月28日到1982年1月5日在杭州举行的全国篮球训练工作会议是一个转折点，这次会议为中国现代篮球运动获得历史性突破，奠定了基础。

（四）蓬勃发展阶段（1979—1995年）

从1978年12月中国共产党召开了十一届三中全会，党中央提出了实行经济改革，对内搞活，对外开放的重大战略决策后，拉开了中国经济体制改革的序幕。在改革的初始阶段中国社会发生了深刻的变化，国家体委根据需要于1986年做出了《关于体育体制改革的决定（草案）》这一草案客观地分析了体育体制改革的必要性和迫切性，并进一步明确了我国体育改革的指导思想，提出体育改革要以竞赛为重点以社会化和科学化为两翼，实现体育的腾飞。1983年2月，全国篮球联赛取消甲、乙升降级比赛制度，采取每年分区、分段比赛，名次实行大排行，这样的目的是让更多的球队参加比赛，引进竞争机制。1986年2月，全国篮球联赛改为全国甲级队篮球赛。同年7月中国篮球协会做出改革的新规定，在一场比赛中，每队若在每半时投中了 4 次 3 分球，当第 5 次投中时，改为得 4 分。1986—1988 年举办了三届中国篮协杯篮球比赛，到 1989 年改为全国俱乐部杯篮球赛，中国篮球从此走向职业化的发展之路。从 1995 年起，全国甲级联赛采取了一系列的改革措施，开始向职业化发展，同时还接收外籍球员。

（五）改革与机制转轨阶段（1995 年至今）

20 世纪 90 年代，国家经济体制发生了深刻的变化。我国经济体制改革的目标是建立社会主义市场经济体制，在市场经济体制下的中国职业篮球走市场化、职业化、产业化道路是必然趋势。职业篮球的管理体制、市场经营状况、教练员情况、后备人才培养体系、赛制建设等等都发生了很大的变化。是否与我国的政治经济体制改革相适应将成为现阶段研究的主要问题。新时代，伴随着中国政治经济文化体制的改革和完善，中国职业篮球联赛在管理体制、赛制赛程、品牌包装、联赛推广、球员转会等方面越来越规范，联赛开始向国际化、市场化、现代化、科技化、规范化方向发展。中国职业篮球正在形成自己独特的文化形态。

第三节　中美职业篮球文化的差异分析

中美两国职业篮球发展的过程，是两个不同国家社会发展的过程，它们之间既有区别又有联系。最根本的区别就是两个国家的社会制度不同，中国篮球运动的发展，经历了从计划经济向市场经济转轨。伴随着经济体制的转轨，中国的职业篮球也经历了一个形式转变过程——原省体工队转变为俱乐部。

近代的中国处在一个不稳定的时期，篮球运动只是一种健身和用来交流的工具，虽然在局部地区出现以职业篮球为生的球队，但是只是昙花一现。随着中国民族解放的胜利，新中国的成立标志着中国进入了社会主义，同时与集权式的政治体制和经济体制相适应的体育体制也逐步形成。在计划经济条件下的中国篮球运动有了长足的发展，特别是在计划经济条件下"举国体制"给中国篮球的发展带来了不少的荣誉。但同时也留下很多问题。随着社会的发展，计划经济越来越不适应生产力的发展，中国迫切需要改革现有的政治经济文化体制，于是市场经济就诞生了。为了适应市场经济的要求，中国的篮球运动也在发生变化，中国职业篮球 CBA 就是在计划经济向市场经济过渡的社会背景下诞生的，原有在计划经济条件下的省体工队，在市场经济条件下转变成为俱乐部。然而，这些俱乐部在组织管理上依然承袭着计划经济条件下的管理模式，主管部门依然发挥着政府的行政管理职能。而市场经济条件下各个俱乐部必须享有独立的权利，这样一来俱乐部和管理部门就产生了权利之间的矛盾。再者，俱乐部大多由原体育局和投资企业合作建立，他们各自的目的不同，随着联赛进程的发展，它们之间的责权和利益分配又产生了矛盾。

　　篮球运动起源于资本主义私有制的美国，职业篮球的发展在很大程度上是满足资本家最大限度地获取利润，从而促使他们不断地垄断篮球市场，挖掘篮球资源。同时，美国职业篮球的市场化、职业化和产业化进程已有半个世纪以上，已形成完整的篮球文化体系。他们根据市场规律发挥市场经济杠杆的作用，实现资源的优化配置，尽可能减少问题的产生。资本主义私有制使得各个俱乐部的产权非常明确，而且发展的时间长，在管理上也取得了不少的经验，他们在责权利的分配上也很清楚。发展到今天的美国职业篮球已经成为世界各国效仿的楷模。中美两国发展职业篮球最大的联系就是都在市场经济条件下，将篮球运动作为一种产业来发展。美职业篮球文化的形成、发展、改革、创新为中国职业篮球文化的形成和发展提供借鉴和启发。新时代，伴随我国政治经济文化科技体制的改革和完善，中国职业篮球文化立足本国市场，守正创新，必定能够走出一条属于中国特色社会主义职业篮球文化自信的发展道路。

本章小结

在资本主义市场经济条件下，美国职业篮球文化经历了一百多年的发展，实现了 NBA 职业篮球的市场化、社会化、产业化。美国职业篮球文化的发展历程为中国职业篮球文化的发展提供借鉴和启发。中国成功实现社会主义政治经济体制改革，中国职业篮球正在向市场化、社会化、产业化迈进。中国职业篮球文化的形成脱胎于中国篮球运动的发展，计划经济体制下的管理体制、运行机制、产权关系为中国职业篮球的发展提供了理论基础。中国特色社会主义市场经济体制，为我国职业篮球职业文化发展提供了稳定的生存空间。中美两国发展职业篮球最大的联系都是在市场经济条件下，将篮球运动作为一种产业来发展。美国职业篮球文化的发展模式为中国职业篮球文化发展提供了经验指导。我们应从中美职业篮球文化内在的差异中汲取精华，进行经验总结。通过制度优势、人口优势、市场优势、文化优势，建立中国职业篮球文化发展道路，通过市场化、产业化、社会化的发展模式，树立 CBA 品牌文化，增强中国职业篮球文化市场竞争力和国际影响力。

第六章　篮球教练员培养

篮球教练员人才是引领篮球运动项目发展的重要人力资源。篮球教练员既需要有较为丰富的运动实践经历，又要具备较为完备的理论储备。优秀的教练员必定深刻洞察篮球运动的本质特征，了解篮球文化的发展历程，掌握篮球运动训练的客观规律，用科学的理论方法指导运动实践。因此，篮球教练员的培养也是一个复杂的过程中。挖掘篮球教练员自身潜力，提高篮球教练员执教能力，建构科学的教练员人才培养体系，是篮球运动理论研究与实践的题中之义，更是中国篮球运动发展的当务之急。

第一节　篮球教练员现状分析

《国家中长期人才发展规划纲要（2010—2020）》（以下简称《纲要》）经党中央、国务院批准，由新华社授权全文印发。《纲要》从发展指导方针、人才队伍建设、体制机制创新、重大政策调整、人才工程培育、组织实施评价等方面进行阐述，为 21 世纪人才培养指明了方向。篮球运动项目是中国竞技体育结构中的重要组成部分，篮球运动的发展及竞技水平的提升，关键在于人才培养。篮球教练员作为一种特殊的专业性人才，成为引领篮球运动发展的重要构成要素。因此，我国篮球教练员人才资源开发既是项目发展的需要，也是 21 世纪中国人才发展战略的现实需求。中国篮球教练员人才资源现状是进行人才资源开发的重要依据，区域分布、文化程度、年龄结构、技术等级等因素对我国篮球教练员人才资源开发产生较大影响，结合篮球运动项目的发展规律，以人为本，有利于培养优秀的篮球教练员。

（一）篮球教练员资源状况

为了方便数据资料的统计分析，本研究主要从行政区域划分、地理位置区域划分及经济区域划分等，对篮球教练员的区域分布进行探索。通过对体育事业统计年鉴的统计资料分析，依照中华人民共和国行政区域划分情况，主要研究各省、自治区、直辖市的篮球教练员人数分布情况。我国各省市篮球教练员人数分布情况如图7-1所示。依照中华人民共和国国务院2000年的行政区域划分文件，按照地理位置所在地而划分为东北、华北、华东、中南、西南、西北6大区域，各区包含的省、自治区、直辖市及相应的篮球教练员总人数分布情况和描述性统计情况（表7-1、表7-2）。同时，依据中华人民共和国国务院发展研究中心发展战略和区域经济研究的有关文件，将我国划分为东部、中部、西部3大区域，各区域所包含的省、自治区、直辖市及相应的篮球教练员总人数分布情况和描述性统计情况（表7-3、表7-4）。笔者认为，中国篮球教练员区域分布情况就是中国篮球教练员人才资源的区域分布现状。

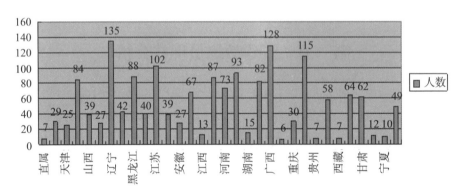

图7-1 我国各省市篮球教练员人数分布情况

表7-1 我国6大区域包含的省、自治区、直辖市及相应的教练员人数分布情况

区域	省、自治区、直辖市	篮球教练员人数	总计
东北	辽、吉、黑	135、42、88	265
华北	京、津、冀、晋、蒙	29、25、84、39、27	204
华东	沪、苏、浙、皖、闽、赣、鲁	40、102、39、27、67、13、87	375

续表

区域	省、自治区、直辖市	篮球教练员人数	总计
中南	豫、鄂、湘、粤、桂、琼	73、93、15、82、128、6	397
西南	渝、川、黔、滇、藏	30、115、7、58、7	217
西北	陕、甘、宁、青、新	64、62、10、12、49	197

表 7-2 我国 6 大区域包含的省、自治区、直辖市及相应教练员人数分布描述性统计情况

	N	全距	极小值	极大值	和	均值		标准差	方差
	统计量	统计量	统计量	统计量	统计量	统计量	标准误	统计量	统计量
西北	5	54.00	10.00	64.00	197.00	39.4000	11.88108	26.56690	705.800
华北	5	59.00	25.00	84.00	204.00	40.8000	11.06526	24.74268	612.200
西南	5	108.00	7.00	115.00	217.00	43.4000	20.21039	45.19181	2042.300
华东	7	89.00	13.00	102.00	375.00	53.5714	12.33627	32.63871	1065.286
中南	6	122.00	6.00	128.00	397.00	66.1667	19.21704	47.07193	2215.767
东北	3	93.00	42.00	135.00	265.00	88.3333	26.84730	46.50090	2162.333

表 7-3 我国 3 大区域包含的省、自治区、直辖市及相应的教练员人数分布情况

区域	省、自治区、直辖市	篮球教练员人数	总计
东部	京、津、冀、辽、沪、苏、浙、闽、鲁、粤、琼	29、25、84、135、40、102、39、67、87、82、6	696
中部	晋、吉、黑、皖、赣、豫、鄂、湘	39、42、88、27、13、73、93、15	390
西部	渝、川、黔、滇、藏、陕、甘、宁、青、新、桂、蒙	30、115、7、58、7、64、62、10、12、49、128、27	569

表 7-4　我国 3 大区域包含的省、自治区、直辖市及相应的教练员人数分布描述性统计情况

	N		全距	极小值	极大值	和	均值		标准差	方差
	统计量	统计量	统计量	统计量	统计量	统计量	统计量	标准误	统计量	统计量
西部	12	121.00	7.00	128.00	569.00	47.4167	11.77598	40.79318	1664.083
中部	8	80.00	13.00	93.00	390.00	48.7500	11.27378	31.88708	1016.786
东部	11	129.00	6.00	135.00	696.00	63.2727	11.69778	38.79714	1505.218

　　我国的篮球教练员绝大多数都有过运动员的经历。因此，教练员的年龄结构一方面反映的是运动经历，另一方面反映的是执教年限。通过对我国篮球教练员各年龄段的统计分析，各层次各年龄段的教练员人数分布情况如图 7-2 所示。我国各年龄段篮球教练员在聘人数分布情况如图 7-3 所示。根据相关文献资料的研究结果，整理出我国职业篮球教练员（CBA）和美国职业篮球教练员（NBA）初始执教平均年龄和执教平均年限的对比情况（表 7-5），以上教练员均为各国职业篮球俱乐部的主教练。

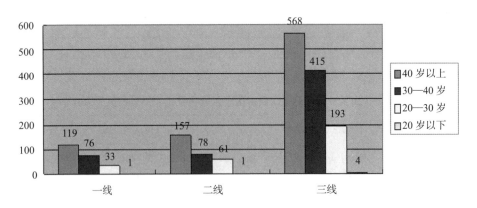

图 7-2　我国各层次各年龄段篮球教练员人数分布情况

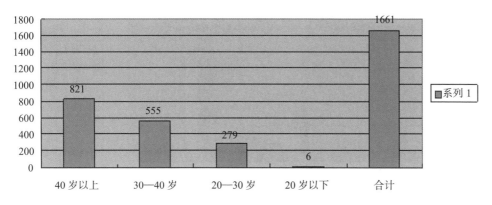

图 7-3　我国篮球教练各年龄段在聘人数

表 7-5　中美职业篮球俱乐部主教练年龄结构相关问题的比较情况

国　别	年　龄	初始执教年龄	总执教年限
中国	41.7	32	9.5
美国	51.5	29.8	18

（数据来源：张美娟.我国优秀篮球教练员成长现状及影响因素研究 [J].武汉：武汉体育学院，2008.）

　　文化程度反映的受文化教育的程度。中国篮球教练员文化程度主要是反映中国篮球教练员受文化教育的程度，包括学校教育、函授教育及自学考试教育。根据我国学校教育的划分情况，通常分为小学、中学、大学 3 个级别，依照我国学历管理情况，可分为小学、初中、高中、中专、大专、本科、硕士、博士 8 个等级。通常我们根据教练员学历的高低来判断其受文化教育的程度，文化教育程度往往成为衡量一个人对物质世界的认知和思维的重要参考因素。在体育领域，中国篮球教练员的文化程度也成为反映教练员知识能力结构的重要指标。根据统计资料分析，当前我国各层次篮球教练员文化程度的基本情况如图 7-4 所示。我国篮球在聘专职教练员文化程度分布情况如图 7-5 所示。

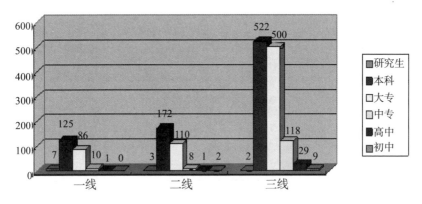

图 7-4　我国各层次篮球教练员文化程度分布情况

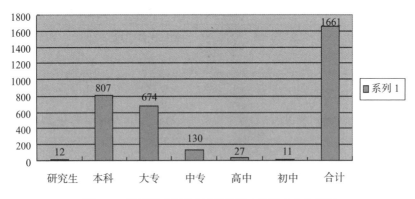

图 7-5　我国篮球在聘专职教练员文化程度分布情况

教练员技术等级是衡量教练员执教水平的重要参考指标，同时也是促进一个项目发展的重要影响因素。根据不同的技术等级，对教练员提出的标准和要求也不尽相同。从制度的角度来看，技术等级制度是整个教练员制度的核心。中国篮球教练员技术等级就是依据国家体委办公厅，以及人事部办公厅《体育教练员技术职务等级标准》制定的。根据体育事业统计年鉴分析，我国篮球教练员各层次技术等级人数分布情况如图 7-6 所示，我国篮球教练员各等级在聘教练员人数分布情况如图 7-7 所示。

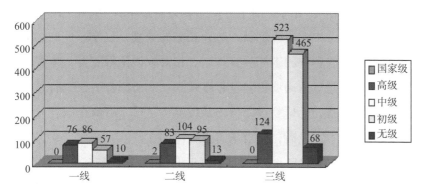

图 7-6　我国篮球教练员各层次技术等级人数分布情况

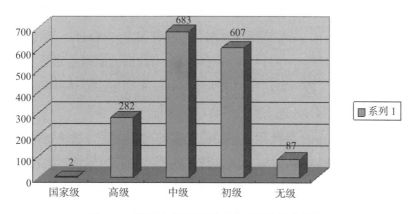

图 7-7　我国篮球教练员各等级在聘人数分布情况

（二）篮球教练员现存问题

通过对体育统计年鉴资料的分析，从行政区域、地理位置区域及经济发展区域来探索我国篮球教练员人才资源的分布情况，从统计结果来看，中国篮球教练员人才资源区域分布不均衡。主要表现在：经济实力较好，篮球运动项目普及程度较高的省市，教练员资源比较丰富；从地理位置上讲，教练员资源表现为由北向中（除东北）逐渐丰富的趋势；从经济区域上讲，教练员资源表现为东部比西部丰富。

导致我国篮球教练员人才资源区域分布不均衡的原因，主要包括管理制度、普及程度、经济优势和市场需求四个方面。以行政区域不均衡为例，在全国31个省、自治区、直辖市中注册教练员人数前三名的分别是辽宁、广西、四川。首先，其主要原因是这些省份的教练员管理制度相对来说比较完善，体育主管部门执行力较好。其次，篮球运动项目普及程度较高，众所周知，辽宁省是我国最大的篮球人力资本输出省，无论是运动员还是教练员，辽宁省向全国各兄弟省份输出大量的篮球人力资本。最后，是市场需求，比如在广西，篮球运动深受广大人民群众喜爱。每逢传统节假日，有大量的民间团体自发组织篮球比赛，有"执照"的篮球教练员因具有一定权威颇受欢迎。造成地理位置区域不均衡的原因，主要是普及程度和气候。相对来说，我国北方地区天气寒冷、风沙较大，不太适宜开展户外运动。虽然篮球运动当初就是为了避免恶劣天气不能开展体育活动而发明的一项室内运动。但是，受经济条件的制约，在我国北方省份没有建设大量的室内体育场馆来开展篮球运动项目。经济区域分布不均衡的原因主要是东部经济发达地区篮球市场火爆，教练员市场需求大；同时，东部地区能够提供较好的工资待遇条件，吸引大量的人才进入到教练员职业行业。

年龄结构是指某一社会群体各年龄段人数的比例关系，教练员的年龄结构可以在一定程度上决定和反映这些人才群体的创造力。中国篮球教练员的年龄结构实际上也反映出这一群体的训练活力和潜力。根据图6-10和图6-11，中国篮球教练员一线、二线、三线，以及在聘教练员队伍人数的年龄结构几乎都是3：2：1这样的配比，且以40岁以上年龄人数为主体。很显然，这种"一刀切"的比例结构不合理。针对中国篮球教练员年龄结构比例"一刀切"的现象，提出以下两点质疑。

首先，质疑一线教练员队伍的创造力和创新能力。一线教练员队伍的根本目标是带出成绩，如果按照3：2：1的年龄结构配比，很明显40岁以上的教练员较多。哈果特·朱克曼在《科学界的精英》中对对诺贝尔科学奖金获得者进行分析指出，世界上286名获奖者的年龄平均为38.7岁；赵红洲调查1249名杰出科学家取得重大科学成果的峰值年龄为37岁。也就是说，从这些研究结果来看取得重大成就的最佳年龄峰值为37、38岁左右。在这个年龄期间人的观察能力、思维能力、实践经验、创造能力达到顶峰，正是出成绩的最佳时期。而我国篮球教练员一线队伍中这个年龄段的教练员并不是占据主流的位置，扮演的是"配角"的角色。

其次，质疑二线教练员队伍后备人才梯队建设。从理论上讲，二线队伍担任着培养后备力量的重任，一方面向一线队伍输送优秀的运动员，另一方面向一线队伍输送有潜质的教练员。从实践来看，二线队伍教练员人数年龄结构比例依然是3：2：1。不但不能向一线队伍输送优秀的教练员，而且很有可能诱发教练员人才发生断层现象，导致教练员队伍人才梯队的"青黄不接"。据有关学者的研究结果显示（表7-5），我国绝大部分教练员从事初始执教的平均年龄为32岁，个别教练员像蒋兴权、徐长锁的初始执教年龄更为年轻，为27岁。根据优秀教练员成长规律显示，要想成为一名优秀的教练员，在执教年限上大约需要10～15年的执教经验积累。依照这些数据进行推算，如果二线队伍还是以40岁以上为主体的话，显然刚刚开始从事执教的教练员不可能有"施展"的空间。这种不合理的年龄结构比例，恰好解释了当前我国有些非常年轻的优秀运动员刚刚退役就直接进入一线队伍当主教练的"教练员年轻化"现象。

中国篮球教练员文化程度反映的是教练员素质的重要指标，标志着中国篮球教练员文化教育的普及程度和发展程度。当前我国主要是以学历教育来反映受文化教育程度的水平。从图7-5我们不难看出，具有大专和本科学历的篮球教练员成为一、二、三线教练员的主体，但是各线队伍中学历差异比较大，研究生学历在一、二、三线队伍中所占的比例非常低，在上百人的教练员队伍中仅有"象征性"的几个人。中专及以下学历的教练员虽然从三线到一线队伍逐渐呈现减少的趋势，但在三线队伍中仍然占有一定的数量。根据图7-6数据显示，在聘专职篮球教练员人数中，可以看到虽然主体文化程度较高，但从整体来看中国篮球教练员人才资源整体文化程度比例差异突出。

针对我国篮球教练员人才资源主体文化程度较高，但整体文化程度比例差异突出的特征，通过查阅相关资料和访谈（对象为武汉体育学院篮球教研室杜丛新博士，杜博士认为教练员的高学历，并不能真实地反映出教练员的文化水平。），认为教练员的学历问题主要归因为"刚性需要"和"内在需求"这两个因素。关于中国篮球教练员学历问题的研究，有学者指出"就我国篮球教练员整体而言，学历水平偏低"；还有学者认为"当前我国篮球教练员所具有的学历，与其应该掌握的知识水平不太相符合"。但是根据体育年鉴提供的数据，我国篮球教练员人才资源的主体，文化程度较高。这两个结论是否存在矛盾呢？其实，早在 1985 年 5 月国家体委《关于教练员和优秀运动员学习科学文化知识的几项规定》的通知中，第一条明确规定："今后凡未取得大专学历的退役运动员不得任命为优秀运动队的教练"。第二条规定："优秀运动队中 40 岁以下的教练员尚未获得大专学历的必须在 5 年内尽可能脱产学习，取得大专学历。如果在 5 年内仍未取得大专学历，不能再当教练"。同时，在 1988 年国家体委在《教练员管理工作暂行办法》中进一步强调："教练员必须具备相应的文化程度和专业理论基础知识，未达到《教练员专业技术职务试行条例》所规定学历要求的，要通过到体育院校进修或采取自学考试、函授等多种方式达到相应文化程度。"由此可见，正是因为这种"刚性需要"解开了"矛盾"之谜。可以说，近年来教练员通过各种方式来提高学历，文化程度有所提高。但是，长期以来受我国竞技体育人才培养体制的影响，文化学习和专业训练冲突，文化知识掌握不系统，存在中专及以下学历的教练员资源现象是一种必然。而低学历的教练员在激烈的竞争中处于"劣势"，希望通过深造来提高自己的学历水平。正是这种"内在需求"促使我国篮球教练员队伍的文化程度不断改善。在"刚性需要"和"内在需求"的双重作用下我国篮球教练员文化程度从整体上呈"山"字形，中间高两头低差异明显。

从一定程度上讲，技术等级反映的是人们在这个行业的工作认可程度。考虑到各国不同的国情，教练员的技术等级制度也各不相同，特别是等级和标准差异较大。根据我国的情况，教练员技术等级分为无级、初级、中级、高级、国家级。图 7-6 和图 7-7 就是反映的我国教练员技术等级人数分布情况及在聘人员技术等级分布情况。一、二、三线教练员队伍中无级、初级、中级、高级、国家级占教练员总人数的比例分别是 5.3%、36.1%、41.7%、16.5%、0.4%。显然，从统计资料来看，国家级教练员人数比例偏少。我国篮球教练员人数以初、中级为主其他等级为辅归因于三个方面的原因。

首先，制度本身不健全。自中华人民共和国成立以来，分别于 1958 年、1963 年、1979 年、1981 年、1993 年、1996 年、2005 年多次颁布《体育教练员技术等级标准》，以期更加完善，与国际接轨。可以说，我国的教练员技术等级制度是逐渐完善的，教练员的技术等级和其他业务技术职称有了对应关系，已被纳入国家统一的专业技术管理体系之中，同时也与国际教练员制度发展保持一致。随着时代的发展，对教练员的考核和管理逐渐的细化，理论滞后于实践的客观存在，要做到与时俱进，我国篮球教练员等级制度还需要进一步完善。

其次，高级技术等级人数控制。1996年3月29日，人事部和国家体委颁发了《体育教练员职务等级标准》（以下简称《标准》）。该《标准》颁发的目的就是为了调动广大教练员的积极性，加强教练员队伍建设和推动运动技术水平的提高。其中第6条、第7条明确提出"国家级教练员代表着我国体育教练员的最高水平，国家将根据我国体育事业发展的情况对国家级教练进行总量控制""对曾多年担任高级教练，因工作需要于《标准》下发前调入国家机关工作，符合国家级教练条件者，由国家体委一次性特批为国家名誉教练，国家级名誉教练只是一种称号，不与任何待遇挂钩"。由此可见，我国在高级教练员发展数量上存在明晰的进行人数控制的文件。

最后，教练员自身条件不合格。根据技术等级职称晋升条件，对申请晋升人员政治思想表现、业务能力，以及业绩、学历、外语、任职年限等基本任职条件进行审核，审核合格者由单位写出推荐意见。所在单位应聘请两名以上同行专家对其论文、著作、科研成果进行鉴定或组织答辩。由于我国竞技体育体制的原因，我国的篮球教练员能满足这些条件的不算太多，有些条件成为教练员等级晋升的门槛。

（三）篮球教练员资源开发

随着我国市场经济体制改革的进一步深化，人事制度改革与之相适应，变得更加灵活。竞技体育领域中篮球教练员人才的流动日趋频繁，主要表现为：区域间的人才流动；全国范围流动；职业俱乐部之间的人才流动；不同系统间的人才流动。篮球教练员人才流动的繁荣景象背后，难免会出现"趋利流""趋势流"的现象。同时，篮球教练员人才流动也会带来人才流失的风险。因此，对篮球教练员人才流动有必要进行规划，并制定相应的规章制度，确保人才资本的良性输出，避免篮球教练员人才市场的恶性竞争，造成人力资本的过剩、滞流、浪费。事实上，篮球教练员年龄结构比例不合理反映的是教练员人才配置的问题。不同层次和级别的篮球教练员人员配比实际上体现的是整个教练员团队的整体竞争力，老中青年龄结构配比是教练员人才可持续发展的重要参考指标。依据我国教练员成长特点，结合美国 NBA 教练员成长的有关数据，以我国高校教师年龄结构合理比例为依据，本研究就我国篮球教练员人数年龄结构比例提出以下构想：一线教练员队伍年龄结构为 50 岁以上、40～50 岁、30～40 岁比例为 1：2：1；二线队伍年龄结构为 40 岁以上、30～40 岁、20～30 岁比例为 1：2：2；三线队伍年龄结构为 30 岁以上、20～30 岁、20 岁以下比例为 3：2：1。

我国篮球教练员人才培养问题是个复杂而艰巨的系统工程。教练员人才的文化程度仅仅是教练员综合素质中的一个指标。然而，文化水平的高低在一定程度上影响了篮球教练员人才其他素质指标的发展。因此，强化篮球教练员人才培养，提升人才的综合素质就必须厘清"素质—知识—能力"的发展关系。篮球教练员的发展受社会教育、家庭教育、学校教育的综合影响。教练员人才素质的不能仅仅靠"刚性需求"来提高他们的"学历水平"，更多的应该激发教练员人才的"内在需求"，重视教练员人次的素质教育，知识学习，从整体上提升教练员人才的综合竞争力。篮球教练员人才的流动、教育、职称、晋升等从某种意义上来说取决于人才制度的健全程度。教练员技术等级制度只是人才制度建设中的一个方面。但是，技术等级制度建设却影响整个教练员人才队伍的发展。因此，在现有技术等级制度的基础上，根据实际情况对原有制度进行修订，做到与时俱进。同时，对教练员人才进行培训，提升教练员的综合素质，督促教练员人才积极主动评聘高级技术等级职称。教练员人才资源开发的根本目的就是挖掘教练员人才的潜力，提升教练员人才的市场竞争力和执教能力，最大限度地发挥教练员的自身价值和社会价值。

第二节　篮球教练员培训思路

篮球教练员是我国篮球运动发展的重要人力资源。教练员岗位培训是提升我国篮球教练员执教能力及市场竞争力的重要途径。从 1987 年国家体育总局开始实施教练员岗位培训计划以来，在 35 年的教练员岗位培训发展历程中，中国篮球教练员岗位培训成为教练员人才培养的重要形式之一。结合在湖北武汉参加教练员中级班岗位培训的亲身经历，笔者对我国篮球教练员岗位培训的管理体制及运行机制进行探究，找出其中存在的问题，并提出相应的对策，以期为我国篮球教练员岗位培训工作提供理论参考。

（一）篮球教练员培训体制

1958 年 6 月，国家体育总局（原体委）颁布《中华人民共和国教练员等制度条例（草案）》对教练员的等级称号和条件、授予等级称号的权限和程度、证章和证书的发给、权利和义务、奖励和处分等分别做了具体规定。根据草案的决定中国篮球教练员的技术等级分为初级、中级、高级三个等级。中国篮协在 2000 年正式实施"持证上岗"制度，凡是未按规定要求，没有参加岗位培训或参加培训且考试成绩不及格者，不能取得上岗证。为了保证隶属中国篮协教练员如期参加学习，对未能参加学习的教练员取消下一年度的注册资格，该名教练在下一年度及本年度剩下的比赛均被取消执教资格。如有特殊情况不能参加培训，必须通过所在单位和中国篮协的书面批准。持有高级证书的教练员必须按"两年一次继培"参加岗位培训，没有岗位证书的现任青年队教练、从未参加过中级班的全国男女篮成年队教练或要晋升中级职称的教练员必须参加中级教练员岗位培训。教练员岗位培训制度的建立，从一定程度上讲促进了我国教练员岗位培训的发展，同时也是篮球教练员岗位培训管理的配套建设。随着市场经济用人制度改革的不断深入，国际教练员人才竞争的日益激烈，中国篮球教练员岗位培训需要走规范化、制度化、长期化道路，通过完善教练员岗位培训制度，提升中国篮球教练员岗位培训效果。

篮球教练员岗位培训目标在一定程度上成为一种培训导向性，同时检验培训效果的重要参考指标。在全国篮球教练员岗位培训班第 13 次继培班上，到会的很多老专家提出："中国要培养自己的篮球大师。对大师的要求不是面面俱到，而是要专业，比如专门研究联防的专家、专门研究战术的专家、专门研究体能的专家等。"对中国篮球运动管理中心关于《全国教练员岗位培训》的相关文件（包括高级和中级）进行整理，研究发现中国篮球教练员岗位培训的目标分为总目标和教学目标。篮球教练员岗位培训（中级、高级）的总目标为：依据"三结合三突出"，即系统性和针对性相结合，突出针对性；理论与实践相结合，突出实践；基础与应用相结合，突出应用的原则，即"培训以学习新知识为主""培训要以提高综合职业能力展开""培训要解决工作中的问题为主""培训要突出技战术能力和执教能力为主"。教学目标是围绕着提高综合职业能力，以实用性、时效性、实践性为指导原则，提高岗位培训的教学质量和效果。

　　教练员岗位培训需求本质上就是对教练员将要达到的要求进行探索和分析，最终使教练员的培训观念从"消极培训"向"主动培训"转变，使之感受到"学有所值"。我国的篮球教练员主要是来自退役运动员，有着较强的专业教学训练技能，运动实践经验相对较为丰富，但是基础知识相对薄弱，文化理论功底较薄。教练员主要是依赖对前人和自身经验积累、反思和实践，获得知识的渠道比较狭窄。通过访谈和调查中发现，无论是高级教练员还是初中级教练员，普遍的观点都是希望通过岗位培训提高发现、分析和解决问题的能力，培养一种思考问题的逻辑思维，这种需求成为教练员们参加岗位培训的内在驱动力。

　　通过资料对国外教练员岗位培训的情况进行研究，发现教练员岗位培训的课程主要包括两个方面的内容，即知识方面和能力方面。目前，中国篮球教练员岗位培训的课程没有固定的内容，篮球教练员使用的教材一共有两本，分别是2000年编写的《中国体育教练员岗位培训教材（篮球）》，另外一本就是2007年编写的《中国篮球教练员岗位培训A级教程》。前者按照初级教练员、中级教练员、高级教练员三个级别按照不同要求编排内容，后者则是根据不同专家按照专题的内容进行编写。从每次培训的课程安排来看，中国篮球教练员岗位培训的课程主要包括三个方面：基础理论知识、专项知识、技术实践，突出"能力为本位"，其中主要是以专题的形式出现。比如全国篮球教练员岗位培训第八期中级班的课程表（见表7-6）。篮球教练员的岗位培训通常采用的是脱产、在职集中授课的方式。在培训的过程中主要是选择课堂授课、课堂讨论、实践演示、这几种学习形式，总课时量大概230节左右。调查发现，每期培训班结束的时候通过教练员上交的作业、课堂表现、口头表达能力这些形式，通常只要参加培训都能获得证书。

表7-6　全国篮球教练员岗位培训第八期中级班的课程表

授课专家	讲授专题
刘玉林	现代篮球技战术现状综述与发展趋势
范民运	篮球临场比赛计划、队伍集训管理与执行
刘玉林	训练计划制定、兼论篮球运动训练理念
毕仲春	篮球战术训练体系认知和探讨
洪平	篮球运动员训练生理学基础、运动负荷监控
赵杰修	高水平运动员疲劳消除、运动营养学
王守恒	篮球教练员自身建设和团队建设
谢雪峰	体育科研方法论

授课专家	讲授专题
王守恒	篮球位置技战术分析
徐培	运动心理学在篮球运动中的应用范围
叶锐彬	篮球运动员生病预防与治疗、绷带示范
杨茂功	规则的理解与贯彻、中国青少年竞赛安排综述
李亚光	教练员执教理念及临场指挥控制技巧
陈德春	赴美学习报告、兼论青少年训练
张斌	耐克训练营体会与总结、兼论青少年训练
张斌	中锋位置策应、防策应技术
张勇军	投篮训练技巧与方法、篮球快攻方法练习演练前锋位置技术
唐煜章	国家男篮外教训练方法介绍、拓展训练演练
范斌	区域1-1-3联防战术演练
李群	后卫位置技术演练、炮轰战术演练
马跃南	李宁训练营体会和总结、兼论训练营组织与方法
马跃南	挡拆配合训练
朴明珠（韩）	篮球半场人盯人进攻战术级演练
Drangn Raca（塞黑）	防守训练训练手段与方法演练
Drangn Raca（塞黑）	进攻训练手段与方法演练
戈尔（澳）	篮球攻防核心技术及训练
戈尔（澳）	篮球半场人盯人进攻战术级演练
Ron Rothstein（NBA）	Coaching Philosophy，Practice Planning，Basic Offensive Principles，Early Offense 执教理念、训练计划、基本进攻原则、抢攻
Marc Buff（NBA）	篮球专项训练理论与方法
Ron Rothstein（NBA）	Building your half court Defense（on ball，off ball，rotations，rebounding） 构建半场防守（防球、防无球、轮转、篮板球）
Marc Buff（NBA）	篮球专项训练理论与方法
Ron Rothstein（NBA）	Half Court Offensive Sets，Zone Offense 半场进攻战术、进攻区域紧逼
Marc Buff（NBA）	篮球专项训练理论与方法
Ron Rothstein（NBA）	Continue to build your Half Court Defense，Transition Defense 连续建立半场防守、攻守转换下的防守
Marc Buff（NBA）	篮球专项训练理论与方法
Ron Rothstein（NBA）	Offensive Situations；SOB/BOB，End of Offense，End of Quarter，Foul Line 进攻案例、SOB/BOB、进攻末段、每节结束段、罚球线位置进攻
Marc Buff（NBA）	篮球专项训练理论与方法
Ron Rothstein（NBA）	Defensive Situations；Same as above 防守案例、针对以上进攻情况的防守
Marc Buff（NBA）	篮球专项训练理论与方法

（二）篮球教练员培训存疑

中国篮球教练员岗位培训体制不完善主要指的是两个方面的内容，一方面是指篮球教练员的管理体制有些僵化，与现实社会市场经济发展不相适应；另一方面是指篮球教练员的岗位培训制度需要进一步的完善，确保整个篮球教练员岗位培训的顺利进行。从一定程度上讲，中国篮球教练员岗位培训的管理体制影响了相关制度的制定。以中国篮球教练员岗位培训为例，通过对相关专家和学者的访谈，认为当前这种管理模式引起的主要矛盾是管理不力和利益冲突。管理不力主要表现在效率不高，层级关系混乱，有些实体性质复杂。利益冲突主要表现为体育总局、篮管中心（篮协）、俱乐部及教练员各有自己的利益诉求。国家体育总局是行政机构，行使行政特权，代表国家和人民的根本利益。篮管中心（篮协）具有双重身份既是总局的下属单位，篮协属于民间组织，但是这两个部门是"两个部门，一套人马"，在权力行使的过程中，存在权力行使的模糊性。各俱乐部是篮管中心（篮协）的会员，教练员的人事权属于俱乐部。国家体育总局希望通过行政手段实现教练员整体水平的提高，达到国家利益的最大化，为国家赢得更高的荣誉。各俱乐部的代表篮球协会希望通过岗位培训提高教练员的整体实力，将联赛的整体竞赛水平提高，实现各俱乐部利益的最大化。不论是体育总局还是篮球协会都希望中国篮球教练员的整体水平提高，但是当两者的行使的权利与各俱乐部的利益发生冲突时，三者之间就会产生矛盾冲突。俱乐部所考虑的是成本的最小化，换来利润的最大化。管理制度服务于管理体制，总局和中心（协会）实施自上而下的管理制度和俱乐部执行自下而上的管理制度产生不一致。当总局和中心制订的制度有损于俱乐部的利益时，俱乐部在执行这些规章制度时必然表现很消极，致使管理机制运行不畅，从而影响篮球教练员岗位培训的整体水平。

中国篮球教练员岗位培训的目标更加注重的是"学以致用"，以"能力为本位"全面提高教练员的综合职业能力，在这个目标的指导下实施教练员岗位培训工作。基于以上岗位培训理念及我国篮球教练员岗位培训的实际情况，当前对"以能力为本位"的认识存在偏差，在岗培过程中"过"于追求对能力的培训，而忽视了我国篮球教练员"素质"过低的根本问题。这一观点的提出是基于以下三个方面的理由：第一，"以能力为本位"的提出背景。"以能力为本位"于 1967 年美国联邦教育署研究所针对师范教育提出，是最有影响力的教育改革思想。1987 年以来，全国包括财务、法律、教育、卫生等部门均提出在岗位培训过程中要以"能力为本位"。国家体育总局办公厅于2002年也将"能力为本位"模式引入教练员岗位培训。第二，受教育程度背景。中国竞技体育中的教练员包括篮球教练员由于受到训练体制等多因素的影响，教练员接受教育的经历不系统，特别是高等教育。在以"学历＋岗培证书"为准入标准的情况下，中国篮球（体育）教练员天生就注定存在"缺陷"。而财务、法律、教育、卫生等部门的员工他们绝大部分是受过严格的、正规的、系统的文化教育过程，甚至还经历了具有中国特色的人才选拔——高考。因此，中国篮球教练员在"素质"特别是"文化素质"不高的情况下，急于"以能力为本位"很显然最终的结果就是"后劲不足"，教练员缺少创新能力。第三，对岗位培训过程中只注重"专业技术能力"培养的质疑。中国篮球教练员的专业技术能力与国外教练员相比存在差距，但他们更大的问题应该是缺乏发现问题、分析问题、解决问题的逻辑思维能力。但是纵观整个培训过程的课程设置，不难发现很少有培养教练员逻辑思维能力方面的课程，几乎都是在培养专业技术能力，也就是说教练员在运动员时期接受的是专业化的训练，成为教练员之后依然还是专业化的训练，最缺的东西没有补上来，补上来的东西未必是最缺的。

从中国篮球协会发放的《全国篮球教练员岗位培训的通知》中发现，不论是岗培班通知，还是继培班通知；不论是高级教练员培训班通知，还是中级教练员岗位培训班通知，其中有一条就是"隶属中国篮协的教练员，若不按时参加岗位培训，将取消下一年度的教练员注册资格，以及该年度剩余比赛和下一年度比赛的执教资格"。由此可见，中国篮球教练员的岗位培训是在"强制性"条件下展开的，还处于"低级阶段"，并没有达到"要教练员培训"向"教练员要培训"高度自觉的阶段。目前，篮球教练员岗位培训的动力机制不足，教练员培训需求内驱力不足。主要归因于教练员岗位缺少竞争力，教练员自身缺少忧患意识、竞争意识。由于体制和机制的问题，制度建设不完善，篮球教练员除非是晋升职称需要，面对经费、时间、精力、单位支持力度等多方面的影响因素，教练员面对岗位培训很少表现出积极的态度。

中国篮球教练员岗位培训的质量评价，最终就是看培训效果。培训教师团队及课程建设是教练员岗位培训效果的重要影响因素。长期以来中国篮球教练员岗位培训的师资结构合理、实力雄厚，其构成有教授、高级教练员还有研究员，既有国内的，也有国外的。由于篮管中心对篮球教练员的培训工程缺乏系统性和规范性考虑，整个培训师资没有形成一个有效的培养梯队，培训师资人员不固定，属于"临时组合"型。培训师资的无序性必然引发教学上的随意性。没有统一的教学大纲，每个教授、教练员只讲自己所关注的焦点问题、研究特长上的问题。没有整体性和关联性的培训课程，导致整个培训课程建设缺乏科学性。教练员希望弥补自己不足的课程内容在培训过程中没有开设，而体会很深刻的课程内容又在培训课程开设之中。提高"专业技术能力"的课程内容过多，人文性、自然科学和社会科学方面的内容安排非常少，导致教练员的整体水平依然没有实质性的提高。正如国家体育总局原人事司司长史康成教授在《新形势下教练员岗位培训工作的创新与发展》课题组研讨会议上指出："教练员岗位培训是一种继续教育，不能办成了给教练员'补课'"。

目前，我国教练员岗位培训是国家花钱，国家培训。通过对教练员培训经费初步统计来看，每次参与培训至少要花费 7000 元左右，这是一笔不小的开支，特别是随着我国的通货膨胀和 CPI 消费指数的增长，培训花费只会越来越高。这笔开支无疑成为一些想参加教练员岗位培训的经济障碍。我国高级篮球教练员参加岗位培训的部分经费能够回单位报销，但基层教练员的培训经费很难找到"着落"。市县的教练员受财政拨款经费受限的影响，特别是有些市、县级的体委被取消或者合并，教练员根本就不能报销培训经费。有些教练员参与岗位培训完全是凭对篮球事业的喜爱，自己掏腰包参加培训。由此可见，篮球教练员岗位培训仅依靠国家拨款远远不够，经费不足成为"瓶颈"，影响了篮球教练员岗位培训的发展。

（三）篮球教练员培训措施

"素质"最初是来自生理学上的概念。各门学科对素质的理解不一样，但有一个共同的特点，即"素质"离不开人的生理和心里为基础，是以自然属性为基本前提。教练员人才素质就是指篮球教练员在先天的生理基础上，经过后天的学习、运动实践、社会经验积累形成的相对稳定的生理特点和思想行为及潜在能力的综合。教练员人才素质主要分为三个方面：自然素质、心理素质和社会素质。

六种类型：身体素质、业务素质、心理素质、思想政治素质、知识素质、审美素质。在教练员的培训过程中必须要厘清"素质、知识、能力"之间的关系，即素质是基础，知识是本源，能力是表现。篮球教练员人才以"能力为本位"，就必须给教练员打下厚实的基础，丰富他们的知识，才有可能实现能力提高的目标。忽视教练员人才的素质教育，知识学习，一味追求"能力"提升，将会陷入"欲速则不达"的困境。

2010年12月21日，国家体育总局教练员学院在北京体育大学成立。刘鹏局长在成立大会上表示："教练员学院是负责我国教练员知识更新、素质提高和岗位培训的专门机构，它的成立标志着我国教练员在职培训工作迈入正规化、系统化和制度化轨道。"依托教练员学院加强培训教师团队建设，重视培训师资梯队培养。没有高水平的师资就不可能培养高水平的教练员。培养培训师资骨干，发挥名师、名教练的带头作用，形成合理的师资培训结构，是提高培训师资建设的重要途径。加快教练员岗位培训课程建设（如图7-8所示），以"素质、知识、能力"为本位，构建新模式教学培训模式。

借用国外教练员培训资金获取的经验，中国教练员理事会采用商业化的运作模式，吸引赞助商、社会民间资本、捐赠、公益性比赛等形式，筹备经费。同时，也可以成立教练员基金，所有的资金都用在教练员的岗位培训和培养方面。这样一方面大大减轻了政府的财政负担，另一方面吸引社会资本来做社会公益事情。从资金来源上多增加几条途径，保证教练员的培训经费通畅，最终促进教练员水平提升，提高教练员的市场竞争力。

图7-8　中国篮球教练员岗位培训课程建设理论模型

第三节　篮球教练员培养方案

中国篮球教练员的培养问题是关系中国竞技篮球全面发展和快速提高的一个重大的战略性问题。现阶段对篮球教练员的培养与发展策略的探索是中国篮球系统中一项重要工程任务。中国篮球教练员的培养经历了 30 多年的发展，取得了一些成功的经验，但在教练员的长期培养方面还存在着一些问题。例如，市场经济条件下，垂直单一的教练员管理体系造成的主要矛盾是管理效率低和实体利益冲突；管理失效导致整个教练员的培养体制存在如选拔聘任、竞争激励等多方面的问题；现阶段我国篮球教练员的整体文化水平不高，整个学历分布情况呈"枣核"型。岗位培训是教练员培养的核心内容，篮球教练员的培训方式单一，培训主体的能动性不高，整个培训师资没有形成一个有效的培养梯队，没有整体性和关联性的培训课程，导致整个培训课程建设缺乏科学性。

（一）篮球教练员培养的目的意义

新中国成立 70 多周年，改革开放 40 多年，中国竞技体育的发展取得了举世瞩目的成就。习近平总书记亲切接见"新中国体育发展 70 年来涌现出的优秀运动员和教练员代表、全国群众体育先进单位和先进个人代表、全国体育系统先进集体和先进工作者代表"时提出"要不断提高竞技体育水平，努力推动我国由体育大国向体育强国迈进"。在这个新的历史阶段，作为竞技体育大系统中的竞技篮球子系统，篮球教练员的培养正面临着严峻的考验。现阶段对篮球教练员的培养与发展策略的探索是中国竞技篮球系统中一项重要工程任务。

1987 年中国就开始实施体育教练员岗位培训制度，迄今为止已经有 35 年的历史。经过 30 多年的发展，中国在体育教练员培养上已经取得了比较丰富的经验。然而就目前的情况分析，中国竞技体育教练员的培养虽然在某些项目上的确取得了巨大的成功，比如乒乓球、羽毛球、跳水等优势项目。但是集体项目，比如中国的篮球、足球、排球等，在教练员的长期培养方面还存在着一些问题。这也成为导致中国竞技体育集体项目成绩不稳定的因素之一。就中国篮球教练员的培养而言，在新的历史时期正面临着严峻的挑战。特别是 2008 北京奥运会之后，中国篮球遭受天津亚锦赛、江苏昆山斯坦科维奇杯、香港东亚运动会的几次失利，中国篮球的竞技成绩在国际排行榜上呈逐年下滑趋势，中国篮球需要培养高水平的教练员已迫在眉睫。正如郭永波在《我国篮球教练员培养体制研究》一文中指出，"教练员的质量是影响一个国家竞技运动水平非常重要的一个方面，有着非常关键的、不可替代的作用。"显然，中国篮球教练员人才培养需要制订科学化、系统化、规范化、专业化的培养方案，走中国特色篮球人才培养道路。

（二）篮球教练员培养的体制机制

篮球教练员培养一般都应经过初级教练员培训——中级教练员培训——高级教练员培训这样一个过程。目前，我国篮球教练员主要是由运动实践水平很高的运动员退役后构成。通过调查，发现目前我国篮球教练员培养体制主要存在以下几个方面的问题：选拔和聘任机制的问题、竞争和激励机制的问题、评价与考核机制的问题、监督与保障机制的问题（见表7-7）。

表 7-7　篮球教练员培养体系存在的问题以及表现形式

类　别	存在问题的表现形式
选拔和聘任机制	行政任命制或退役后直接执教
竞争和激励机制	教练职位竞争性不强，奖励多于责罚
评价与考核机制	评价指标不具体、考核制度不完善
监督与保障机制	监督机制失效、保障不稳定

造成上述问题的出现，原因是多方面的。从访谈中了解到既有社会学方面的因素，也有管理学方面的因素，还有训练学方面的因素。从社会学角度来看篮球教练员的培养，缺乏相应的监督和保障机制。在教练员培养过程中的每个环节都是密切相关的。培养需要一定的物质保障和经费保障。没有社会支持，只依靠国家财政拨款，往往是不够的。篮球教练员培养的社会化程度要求更高。从管理学角度来看，在市场经济条件下，体育总局要扮演好自己的角色，尊重市场发展的规律，充分发挥监管和督导的作用，弱化行政管理。但事实上，我国篮球教练的培养体制很大程度上受到总局的行政干预。篮球协会没有发挥出自己应有的作用，各俱乐部也没有履行各自的职责，导致机制运行不畅，培养不出高水平的篮球教练员。从训练学方面讲，高水平篮球教练员的成长需要一个周期，每一个周期相

互衔接，比如八一女篮前主教练隋菲菲，退役后直接走上教练员岗位，执掌主教练时不到30岁，非常年轻。类似这样的例子既是培养体制的问题，更是一个人才梯队培养的问题，这种拔苗助长的背后隐藏着巨大的隐患。

当前篮球教练员的整体文化水平较低。文化素质水平是影响教练员执教水平的一个重要因素，刘玉林等在《我国篮球教练员现状剖析》一文中就指出：文化水平不高，业务理论不精，教练员班子知识结构单一。[①]赵芳、孙民治在《我国高级篮球教练员现状调查与对策研究》一文中指出：知识结构单一，理论水平低，学历与能力不相符。[②]我国篮球教练员现状：具有硕士以上学历的人数比较少，绝大多数教练员都是大专或本科学历，还有一部分是大专学历以下的教练员。整个学历分布情况呈"枣核"型。在整个训练过程中，训练任务大多由中间这部分教练员承担，在一定程度上成为影响中国篮球竞技水平的因素之一。我国教练员的科学研究能力不强，受到文化素质和精力分配的影响，大多数教练员很少从事科学研究工作，训练和比赛之余能写一些总结报告、训练体会或执教感受都是一件很难得的事情。

造成以上现状的原因是多方面的因素构成的，有社会的原因，教练员自身的原因，也有体制的原因。在现阶段中国篮球教练的培养必须坚持"举国体制"。肖天等人在《中国高层次教练员培养与成长的战略格局》一文中认为：教练员队伍的稳定，得益于我国的"举国体制"[③]，恰好是对本研究观点的佐证。同样在"举国体制"下的羽毛球、乒乓球能够培养出一代又一代具有国际知名的教练员，篮球运动不能培养出高水平的教练员有必要从教练员自身因素及社会因素进行反思。首先，教练员自身缺少忧患意识、竞争意识和自学钻研的精神。在运动员时期只重视运动技能的训练，忽视文化素质的学习。在教练员期间自学观念淡薄，没有就业压力的影响，社会竞争意识不强。其次，社会赋予太多的特权和附加值。教练员在运动员时期已经功成名就，拥有各种社会荣誉和相应的社会地位。社会用人单位看重的是教练员的名人效应和运动能力水平，忽视对文化素质水平的考

---

① 刘玉林，王东星.我国篮球教练员现状剖析 [J].中国体育科技，1998（3）：43-45,37.

② 赵芳、孙民治.我国高级篮球教练员现状调查与对策研究 [J].武汉体育学院学报，2002（2）：63-65.

③ 肖天、梁晓龙，王鼎华，等.中国高层次教练员培养与成长的战略格局 [J].武汉体育学院学报，2006（3）

察。在个人和社会的双重影响下，教练员对自身文化素质的要求降低，导致整个教练员队伍水平不高。等到训练成绩不理想，寻找原因的时候才意识到教练员文化理论功底的重要性，可是这个时候他们已经错过了最佳的学习时机。

在30多年的培训发展过程中，各个项目已经形成了一套比较完善的培训体系。根据调查发现，篮球教练员的岗位培训在新的历史时期出现一些新的问题。这些问题主要包括培训主体、培训客体、培训载体、培训效果评价及学习交流情况五个方面的内容（见表7-8）。作为岗位培训的主体，有些教练员岗培意识淡薄，把岗培当作走过场；职前、在职都缺少系统的学习，岗位培训时间短，教练员事务繁杂，短期内往往还没有完全进入角色，培训就结束，致使培训效果不佳。培训的客体基本上由国内外教授、国内外教练员和研究员组成，调查中发现培训客体没有固定的人事结构、合理的师资匹配和后备队伍培养。通过对教练员岗位培训的载体进行研究，发现课程设置目标不明确，教学大纲不具体，课程内容不科学，教材陈旧。课程设置主要包括：理论课程、综合课程、实践课程、其他。其中理论课主要包括：中国篮球发展现状与世界发展趋势、篮球文化、篮球基础理论（选材、规则）、基础理论（生理学、营养学）和体育科研。综合课程主要指：篮球理论、专项技术、战术、体能等训练理念。实践课程主要包括：国内外专家和教练的专项技战术教学演示。岗位培训期间，全国篮球教练员中级、高级班和继续培训班集中上课，课程内容及时数详细情况见表7-9。整个培训时间为期20天左右。岗位培训结束没有明确的考核考试标准，有的是以作业的方式结业，有的是岗培结束就结业。从整个学习交流的情况看，国内交流比较频繁，国外交流呈逐年递增趋势。

表7-8　篮球教练员岗位培训存在新问题的划分类别及其属性一览

类　别	属　　　性
培训主体	各俱乐部所有参与培训的篮球教练员群体
培训客体	篮管中心所有担任培训任务的教师、教练员、研究员
培训载体	课程设置、教学大纲、课程内容、教材以及课时要求
效果与评价	效果评价标准、考试考核方法、手段
学习交流	国外交流、国内交流

表7-9　篮球教练员岗位培训课程内容设计及时数情况

类　别	理论课	综合	论坛	比赛观摩	实践课
时　数	50	64	4	4	24
百分比	35%	43%	3%	3%	16%

导致上述几个问题的原因是多方面的。教练员的岗位培训是整个教练员培养体系中的核心内容。中国篮球走向职业化、市场化，教练员的岗位培训发挥着至关重要的作用，篮球教练员的培训效果直接关系篮球教练员的执教能力和执教水平。篮球教练员的培训方式单一，培训主体的能动性不高，是导致整个培训质量上不去的一个重要原因。我国篮球教练员的岗位培训在一定程度上是依靠行政命令执行，由中国篮球运动管理中心独家培训。由于中国篮球职业化、市场化的特殊性，篮管中心向各个俱乐部发放培训通知，由各俱乐部安排培训主体前往篮管中心指定的地点报名。在统一的时间里，按统一教材，并由指定的培训客体进行授课。篮管中心只负责上课，对培训主体没有约束力。培训主体的人事管理权在各俱乐部，而各个俱乐部只是篮管中心的会员。中国篮球运动管理中心和各篮球俱乐部，以及教练员之间的隶属关系模糊，导致在培训和管理上的不便。管理的紊乱必然影响到考核标准的制订及效果的评价。

（三）篮球教练员培养的矛盾根源

管培矛盾是指我国篮球运动项目教练员人才培养过程中"责、权、利"之间所存在的冲突关系。管培矛盾的本质反映的是我国篮球教练员人才培养管理体制与运行机制之间的矛盾。探寻我国篮球教练员人才管培矛盾的历史性根源，离不开对我国竞技体育管理体制改革背景的分析。我国竞技体育管理体制改革经历了一个历史变迁，现行竞技体育管理机构的设置可以分为两大体系，即政府机构和社会组织机构。"政府主导"是我国竞技体育发展的主要模式，1998年国家政府机构改革和调整之后，在原有自上而下设立的体委系统基础上，经过调整成立国家体育总局—省（直辖市）体育局—地方体育局三级政府管理机构。目前，我国的社会组织机构主要有三种：第一种就是全国性的社会组织机构，如中华全国体育总会、中国奥林匹克委员会和中国体育科学学会等。第二种是社会群团组织，如全国总工会、全国妇联和共青团等部门中设置的分管体育工作的机构，这类组织的管理权限也仅限于本系统内部。第三种是民间体育组织，最具有代表性的是职业俱乐部。项目管理中心是我国竞技体育体制改革过程中出现的一个具有过渡性质的特殊组织机构。项目管理中心既是国家体育总局的直属事业单位，同时又是协会的常设办事机构，具有双重性。显然，通过上述我国竞技体育管理机构的设置情况，基本反映出政府机构和社会组织在"管—办"过程中的性质，这只是竞技体育管理体制改革的初衷。

篮球运动作为我国竞技体育事业的有机组成部分，总体改革方向与大环境保持一致。事实上，当前我国篮球教练员人才的管理主要由篮球运动管理中心和篮球运动协会共同管理。篮球运动管理中心和篮球运动协会作为我国竞技篮球运动项目的管理机构，在教练员人才培养过程中应该执行各自的权力，履行各自的义务。从某种程度上讲，关于篮球教练员人才培养的问题，是关系一个国家竞技体育发展后备力量培养的重大性战略问题，这样的战略性任务应该由国家的政府组织机构承担。作为民间组织的篮球运动协会只能负责本组织内工作事务。然而，我国竞技体育管理体制改革过程中，赋予中国篮球运动管理中心（篮球协会）既具有政府事业单位的属性，同时也具有民间组织的特点，集"官—民"于一身的双重属性。篮球运动管理中心本质上仍然是一个"国有企业"，行政力量是其运转的主要动力。篮球运动协会成为了体育行政部门的附属物，与篮球运动管理中心的关系是"一套人马，两块牌子"。在"职责不清，官民一身"的背景下，面对教练员人才的培养，当遇到利益冲突的时候就会出现"大家都有责任，大家都不负责任"的现象。同时，由于国家体育总局系统内一、二、三线篮球教练员人才的人事产权极为复杂（如图7-9所示）。集中反映在三个方面：一部分教练员的人事产权在政府系统（各体育局），一部分教练员的人事产权在社会群团组织（部队体工大队），还有一部分教练员的人事产权在民间体育组织（各职业俱乐部）。但是，教练员人才的使用权并非这样简单，关系错综复杂，正所谓"剪不断，理还乱"。有的人事权在部队，使用权在体育局；有的人事权在体育局，使用权在俱乐部。教练员人才的人事产权、人事使用权的复杂性，无疑增加了在教练员人才管理和培养过程中由"谁负责"的难度。

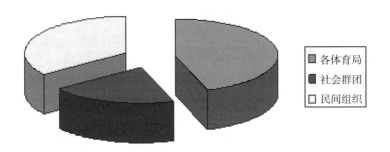

图7-9　我国篮球教练员人事产权特征分布比例

由此可见，我国篮球教练员人才培养管培矛盾的根源在于：两种管理机构的性质不同，权利和责任也不一样，利益诉求也存在差异；同时，教练员人才本身人事产权的不明晰，增加了两个机构的管理难度，导致在利益冲突情况下，相互推诿。这种矛盾突出表现就是一方面提倡"政事分开"的领导原则，另一方面却在项目协会实体化改革中保留行政权力。在责、权、利矛盾关系冲突下，面对人才培养这样一个浩大、繁杂的系统工程，篮球运动管理中心和篮球运动协会都要负责任，但是两者都没有尽到责任，最终受伤害的是教练员。中国篮球教练员人才培养问题至今仍然成为制约我国篮球运动水平提高的"瓶颈"问题。

学训矛盾是指我国篮球教练员在青少年运动员成长时期所发生的文化教育和运动专项训练之间的矛盾冲突关系。学训矛盾的根源在于我国的教育体制和竞技体育体制之间的矛盾关系。我国篮球教练员基本上都是由优秀运动员退役之后转型而来。他们都有着丰富的运动经历，但所接受的文化教育不系统，文化素质和人文教育缺失，严重制约了教练员后期的可持续发展。从"人"的发展角度来讲，学训矛盾对我国篮球教练员人才培养的影响非常深远。我国篮球教练员的文化教育来源于三个方面，即家庭教育、社会教育和学校教育（如图7-10所示）。学校教育在篮球教练员人才文化素质和人文教育培养过程中起着非常核心的作用。篮球教练员在运动员的成长时期，基本上都要经历基础教育—中等教育—高等教育三级培养历程（如图7-11所示）。从理论上讲，如果我国篮球教练员在运动员成长时期都能和其他的学生一样接受正常的文化教育，那么教练员们所掌握的文化知识应该处在一个正常的水平。事实上，我国篮球教练员在接受文化教育培养时期基本上都是在少儿体校—青年体校—国家队接受运动专项训练。并且最佳专项训练年龄和接受文化教育培养的年龄存在冲突，例如，篮球运动项目青少年进入专项学习的最佳年龄为 12 岁左右，而处于这个年龄阶段的青少年往往也正是进入初中学习的主力军。学习和训练成为他们人生抉择中最大的矛盾。

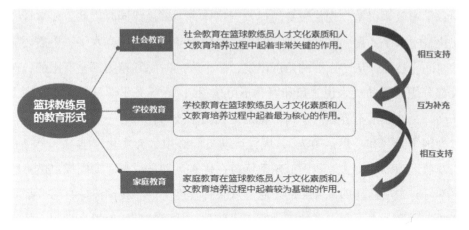

图 7-10　我国篮球教练员接受教育的基本形式

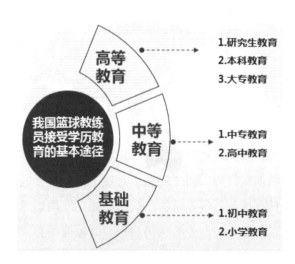

图 7-11　我国篮球教练员接受学历教育的基本途径

根据我国有关学者的研究显示，绝大部分教学单位在义务教育阶段（1—6 年级）都开设语文、数学、英语、音乐和美术等课程，但课时的权重和普教不一样，教学效果也不是很理想。特别是进入初中或中专后，随着年龄的增长及运动水平的提高，经常需要集训和参加比赛，上课出勤率更低，且不进行补课。调查报告进一步显示，优秀运动员的训练时间相当长，而文化课学习的时间却要少得多。

整体来看，优秀运动员的文化课学习呈现年龄越大上课时间越少的趋势。到了大学阶段，运动员文化课学习的出勤率更低，而且训练和比赛的任务繁重，身心疲劳导致学习效果很差。现代教育规律及竞技体育训练规律同时表明，要掌握一定的文化科学水平，需要时间保证。同样，要使运动成绩达到高水平，更需要有足够的时间。然而，从"人"的角度出发，一个人的时间和精力都是有限的，对于绝大部分优秀运动员来说"鱼和熊掌不可兼得"，既要文化学习好又要专项训练水平高，是件非常不容易的事情。特别是我国竞技体育带有一定的政治色彩，为了"为国争光"和"奥运争光"，优秀运动员们必须舍弃文化课学习，全身心地投入专项运动训练中去。我国篮球教练员在优秀运动员成长时期同样也逃不脱文化课学习与专项运动训练冲突的矛盾。从某种程度上讲，我国篮球教练员都具有较高的专项运动水平和丰富的运动经历。但是，从受教育（仅指全日制）的经历来讲，他们接受的文化教育不系统，文化素质和人文教育存在严重缺失。

文化素质教育不系统，文化素质和人文教育缺失的这种现状给后期转型为教练员的可持续发展带来了致命的障碍。从竞技运动的发展规律来看，教练员的执教理念深刻地影响本项目的发展。甚至有学者指出现代篮球竞赛不仅是运动员的体能、技术、战术、智慧、心理、经验和意识等诸多因素的综合较量，更是教练员的篮球理念之间的竞争，从各种级别的比赛中反映出国内教练员的篮球理念与篮球强国之间存在很大的差距。那么，是什么因素制约了我国篮球教练员执教理念的发展，从而影响执教能力的提高？追根溯源，教练员有什么样的训练理念并不完全取决于具体的训练行为，而主要在于对理论知识掌握的程度、对运动训练的感悟水平及是否具有执着的敬业精神。众所周知，我国篮球教练员在篮球专项运动训练过程中不缺乏对运动训练的感悟和执着的敬业精神，最大的制约因素就是对理论知识的掌握程度。问题的关键恰恰就是受学训矛盾的影响，我国篮球教练员的文化教育不系统，掌的文化知识数量和质量不高，文化素质和人文教育存在缺失。然而，文化知识却是理念形成的基础，对于篮球教练员来说，文化知识不仅是训练理念的组成部分，更是促进训练理念不断更新和发展的动力源泉，文化知识的数量和质量是决定训练理念的是否正确和先进的重要因素。如果教练员缺乏文化理论知识的支持，不仅很难形成正确的训练理念，而且还会缺乏对本专项未来发展趋势的判断，很难在竞争激烈的现代运动竞赛中占据主动权。

（四）篮球教练员培养的模型建构

综合国外一些发达国家教练员组织管理体制，结合我国国情提出重构我国篮球教练员组织管理体制。形成一个由体育总局负责宏观调控，发挥监管优势，篮球运动管理中心负责主管和协调，成立一个国家篮球教练员理事会，由俱乐部负责人、教练员、教师、科研人员等构成，主要任务是商讨教练员的培养情况、管理情况、制度、法规建设等，负责教练员培训和资格认定。篮球运动中心根据各个俱乐部的需求以及理事会的报告，按制度批准教练员的流动，确保整个教练员系统的良性竞争。各俱乐部的教练员必须到理事会注册，并参加培训，通过考核才能持证上岗。整个篮球教练员管理体系如图 7-12 所示。中国篮球市场化、职业化、商业化改革，重构后的管理体系目的就是确保教练员的市场化和职业化，将教练员和俱乐部独立开来，实现教练员的选拔、任聘、流动。体育总局弱化行政职能，在整个管理体系中不再是直接的参与者，扮演宏观调控角色。整个管理体系必须根据国家政策的导向，在体育总局的监管下，有条不紊地运行。

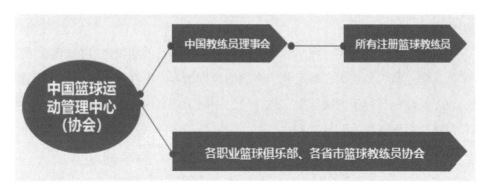

图 7-12　中国篮球教练员管理体系重构理论模型

充分发挥体育总局政策的宏观调控作用，对中国篮球教练员人才的培养进行监督和督导。篮管中心在总局的监督下制订"阳光"制度，并认真执行，使每次培训达到预期的效果。保障体系主要包括人、财、物三个方面。人主要包括的是岗培师资、保证师资的质量和后备力量。财指的是资金。资金来源于两部分：一部分是国家拨发专款，另外一部分为社会筹建。物指的是岗位培训基地。基地可以是企事业单位，或者体育院校联合。篮球教练员的选拔和聘任主要考查以下指标：教练员的知识结构、执教成绩、人际交流和管理能力、培训等级和效果评定。根据篮球市场化的需要，按照健全的管理制度，教练员可以在各俱乐部之间合理流动。各俱乐部根据制定的管理文件，教练员每2年必须参加一次培训，达到合格标准，否则不予聘任；每4年进行一次系统考核，各俱乐部根据考核结果决定教练员的"去留"。

篮球教练员必须有一种"忧患"意识，通过激烈的竞争保证系统内部旺盛的生命力。竞争主要是通过考核来评价，教练员之间的激烈竞争有利于执教风格、执教特色的形成。教练员的激励机制主要通过物质和精神奖励，促进教练员更加勤奋、刻苦钻研，努力提高业务能力水平和执教水平。同时，对于思想作风懒散、不思上进的教练员，需要进行教育和培训，没有达到聘任和考核标准，要坚决不予启用。篮球教练员聘任的核心标准依赖于评价和考核体系的建立。科学的评价体系，规范的考核标准是每个教练员学习的指南。评级体系既要包括量的评价，也要有质的评价。各项明确的评价指标有利于管理工作的顺利进行。考核体系必须严格规范，这是教练员质量的保证。只有通过考核并合格的教练员才有资格进行选拔和聘任。评价和考核体系的建立促进篮球教练员整体结构更趋于合理和优化。

信息化、数字化时代，我国篮球教练员数据库体系的建设已迫在眉睫。通过数据信息建立教练员档案，既有利于全面的选拔培养，也有利于教练员之间横向的比较，同时还有利于调阅数据，进行研究。电子档案内容包括教练员的基本信息和进修与交流信息（见图7-13）。

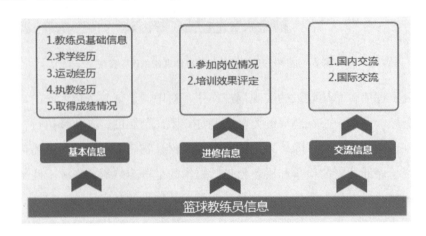

图7-13 篮球教练员人才数据库结构模型

基本信息主要包括：姓名、性别、籍贯、运动员等级、教练员等级，以及求学经历、运动经历、执教经历、取得成绩的情况等。进修与交流信息主要包括：参加培训情况、培训效果评定、国内交流情况、国际交流情况、交流体会等方面的数据。根据研究发现中国篮球教练员还没有建立相应详细的数据库体系，这就为研究篮球教练员的培养造成一定的困难。在所有的研究过程中通常是对培训期间的教练员进行调查研究，所得数据不能准确、全面地反映整个竞技篮球系统教练员的真实情况，其结果有可能导致以偏概全。教练员的能力包括多方面的内容（见图 7-14）：第一，培养教练员认识事物的能力。用哲学的观点认识篮球运动的本质，篮球运动的内在规律，篮球竞赛的变化特征及篮球运动与外界事物发展之间的联系。第二，培养教练员观察和思维的能力。教练员的观测思维能力决定场上的执教和指挥能力。竞赛场上形势变化万千，获胜或失败的机会就在一瞬间。因此，细心的观察、缜密的逻辑思维、敏捷的判断与分析能力是教练员必备的素质。第三，培养教练员的文化素质和科研的能力。教练员不但要具备良好的文化素质，而且还要具备一定的科学研究的能力。善于发现训练和比赛中的问题，并进行归纳总结。既有利于经验的积累，又有利于教练员和球员之间的交流。第四，培养教练员专业理论和专项化训练的能力。专业理论主要指专业基础理论和专项理论。专业基础理论主要包括生理学、心理学、生物力学、解剖学等。专项理论主要指篮球运动训练理论。专项化训练理论必须要善于创新，科学化探索，禁忌"经验主义"和"拿来主义"。第五，培养教练员执教和指挥能力。执教和指挥能力是教练员能力的核心，是理论与实践、感性与理性的集中反映。

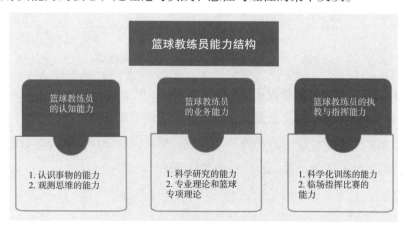

图 7-14　中国篮球教练员能力结构模型

篮球教练员的岗位培训对教练员的成材非常重要。把岗位培训当作一门学科进行规划和探索，对篮球教练员岗位培训意义非常重大。篮球教练员岗位培训建设构想（见图7-15）：第一，明确培训发展方向。高级教练员的岗位培训有区别于中级和初级，是中国篮球教练员培训的最高级别。第二，加强培训师资梯队建设。没有高水平的师资就不可能培养高水平的教练员。培养培训师资骨干，发挥名师、名教练的带头作用，形成合理的师资培训结构，是提高培训师资建设的重要途径。第三，加快岗位培训基地建设。以有限的资金，依托体育院校和事业单位的场地设施及图书资料，实现资源共享，营造学习氛围。第四，重视岗位培训制度建设。岗位培训制度是保障教练员岗位培训工作的顺利进行，是通过一系列程序制定的规则、规定，是所有评价考核制度的核心。

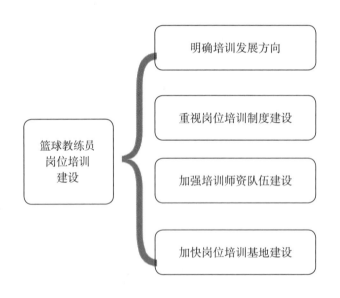

图 7-15　篮球教练员岗位培训建设理论模型

篮球教练员岗位培训课程建设构想（见图7-16）：第一，权威的教材和培训资料；第二，明确的目标和对象；第三，具体的内容与任务；第四，详细的大纲与教学方案；第五，先进的教学方法与手段；第六，科学的形式与时数分配；第七，规范的进度与顺序；第八，严格的考核与评价。

图 7-16　篮球教练员岗位课程建设理论模型

在整个篮球教练员的培养中，主要通过岗位培训来提高教练员的能力水平。但在实际过程中，这种模式不能起到普及的效果。作为各个俱乐部的教练员，他们的事情繁杂没有那么多的时间集中在某个时期进行学习。以篮球教练员岗位培训为基础，科学探索多元培训模式具有时代意义。通过借鉴国外教练员的培训经验，设计如下（如图 7-17）培养模式。这种培养模式主要是以篮管中心组织的岗位培训为基础，以其他形式的培养为辅助模式。比如，利用现代科学技术信息、利用教练员的自学能力、利用比赛和研讨会人员集中等方式和手段。主要是突出教练员主体的自学能力，转变培训理念，使教练员由原来的"要我培训"转变为"我要培训"的观念，充分发挥教练员的主观能动性。

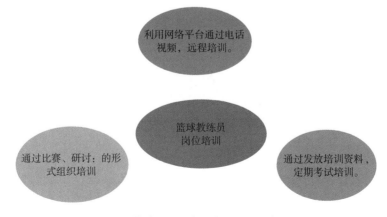

图 7-17　篮球教练员岗位培训多元化构想模型

本章小结

篮球教练员岗位培训经历了几十年的发展，成为我国竞技体育人力资本投资的重要途径。篮球教练员通过参加岗位培训，在一定程度上提升了自身的竞争力和执教能力。但是我国篮球教练员岗位培训仍然存在岗位培训体制不完善；培训目标认识欠缺；培训需求内驱力不足；培训师资及课程设置不合理；培训经费成为制约"瓶颈"等方面的问题。因此，为进一步提高我国篮球教练员岗位培训的效果就必须深化教练员岗位培训管理体制以及运行机制的改革，厘清"素质、知识、能力"发展关系，追根溯源，提升我国篮球教练员的各项能力。市场经济条件下，垂直的教练员管理体系造成的主要矛盾是管理效率低和实体利益冲突，管理失效导致整个教练员的培养体制存在如选拔聘任等多方面的问题。现阶段我国篮球教练员的整体文化水平不高，整个学历分布情况呈"枣核"型。岗位培训是教练员培养的核心内容，篮球教练员的培训方式单一，培训主体的能动性不高，整个培训师资没有形成一个有效的培养梯队，没有整体性和关联性的培训课程，导致整个培训课程建设缺乏科学性。现阶段中国篮球要利用"举国体制"的优势，教练员培养走市场化、职业化、专业化道路，充分发挥政府机构宏观调控的杠杆作用，加快篮球教练员的培养步伐，加强岗位培训的制度化建设，改革中国篮球管理体系。通过提升教练员文化素质，提高教练员岗位培训质量，优化中国篮球系统内部运行机制，将有潜力的中国篮球教练员培养成国内一流、国际知名，具有国际竞争力的优秀教练员。

第七章　篮球运动员培养

　　篮球运动员的能量代谢特征是科学化训练的重要依据，不同位置的篮球运动员在不同时段能量代谢特点有所不同。因此，在实际的训练中应针对供能系统参与供能比例的不同，对不同位置的运动员制订出合理的训练计划、训练方式，为篮球运动的教学与训练提供理论依据。从"人"的具身视角出发，运动时物质代谢和能量代谢能够有效地反映"身体"内在系统的运转状态及绩效表现。从代谢动力学和人体整体性的综合分析，进一步探索"人"和"身体"的奥秘，有助于篮球教学与训练有助于科学训练水平的提高。篮球运动能量的供应既包含有氧代谢系统，也包含无氧代谢系统供能。比赛中，队员在中低强度的无球活动和各种短暂休息时主要以有氧代谢供能，即通过糖的有氧氧化产生 ATP。在持球突破、争抢篮板、投篮、全场紧逼等短时段、高强度的运动时，主要以无氧代谢供能。这些技术动作是构成篮球比赛的重要组成部分，其生物化学基础便是 ATP 供能和 CP 储备及其相互间的代谢能力。篮球运动员进行身体素质训练，要充分考虑其位置上的差别，前锋、后卫主要以发展无氧代谢训练的跑、跳，中锋主要以身体接触对抗进行有针对性的训练。篮球运动以无氧代谢供能为主，但也不要忽视有氧代谢训练，长时间持续性耐力训练，可以明显改善呼吸循环系统，使运动时氧转运能力提高，有氧代谢能力提高有助于无氧代谢功能系统的恢复。

第一节　篮球运动的供能特征分析

　　篮球运动属技能类同场对抗性项目群，运动员的运动成绩在很大程度上取决于战术和技术水平的发挥，但起重要作用的还是运动员机体能量代谢系统的供能水平。体内能量的供应主要通过无氧代谢和有氧代谢两个基本过程来完成。不同运动项目其运动特点、训练方法、负荷强度和负荷量不同，运动员的训练水平和机能状态也不尽相同，这就决定了不同运动项目在运动过程中各供能系统参与供能比例的差异，导致能量代谢特征存在较大差别。篮球比赛是一项长时间的高、中、低强度重复交替进行的非周期性运动项目，其运动形式和能量供应特点与周期性运动项目有较大差别。而且在比赛中不同位置的球员其能量代谢参与的比例不同，掌握篮球运动员的能量代谢特征和规律，能够有效提升运动员的竞技能力和训练水平。

（一）能量代谢系统

人体的能量代谢系统是由磷酸原供能系统、糖酵解供能系统和有氧氧化供能系统三大部分组成（见表8-1）。各种能量代谢系统都具有特定的时效特征，然而，每种能量代谢系统的作用效果主要取决于运动的强度，其次取决于运动的持续时间。磷酸原供能系统主要针对短时间、高强度的运动项目，运动开始提供 ATP，并且不管运动的强度如何，所有运动一开始就会动用磷酸原供能系统。糖酵解供能系统主要提供 ATP 给短时间中等强度的运动项目。有氧氧化供能系统主要提供 ATP 给长时间低强度的运动项目。

表 8-1　运动时间及强度对能量系统的影响

运动持续时间（秒）	运动强度	主要供能系统
0～6	极高	磷酸原供能系统
6～30	非常高	磷酸原和快速糖酵解
30～120	高	快速糖酵解
120～180	中等	快速糖酵解和有氧氧化供能系统
>180	低	有氧氧化供能系统

在运动训练中，只有充分掌握运动过程中能量代谢系统运转规律，才能制订出符合项目特点的训练负荷。在进行不同运动项目的训练时，合适的运动强度和间歇休息，将使机体选择性地启用特定的供能系统。通常，很少有运动要求机体维持在最大努力至力竭或接近力竭。大部分运动、训练和一系列高强度、恒定做功的间歇运动的代谢类型很相似。对于此类训练要求每一回合的输出功率要远远大于持续有氧供能运动的最大输出功率。在运动中，如果只重视有氧耐力训练提

升有氧功率输出，而忽视无氧能力的训练，将不利于运动成绩的提高。训练时，采用合适的运动强度和休息时间间隔将使集体选择性启用特定的供能系统。另外，不同的运动项目所要求的代谢类型也不同。因此，在运动训练的实践中，通过了解不同类型运动训练时的能量是如何产生和特定的训练是如何调整能量的产生，才能设计有效的运动训练方案。肌肉收缩时依赖何种能量系统供能，主要取决于运动的强度，其次取决于运动的持续时间。代谢反应和训练适应可以通过对训练强度、持续时间和恢复时间的安排进行调整。

无氧代谢十分迅速，供能能源是 CP，ATP 生成很少，肌肉中储量也少。供能时间为 8～15 s，释能速度为 1.6～3 mol/min。主要适用于短跑或高功率、短时间的运动。乳酸能是指肌糖原或葡萄糖在无氧分解过程中再合成 ATP，也称无氧糖酵解系统。它是机体处于氧供不足时的主要供能系统。乳酸能无氧代谢迅速，供能能源为糖原，生成有限的 ATP，副产品乳酸是一种强酸，它在体内集聚过多时，会使内环境中酸碱度的稳态破坏，从而阻碍肌糖原或葡萄糖继续进行无氧代谢，甚至直接影响 ATP 的合成，导致肌肉疲劳。供能时间为 20～130 s，释能速度为 1.0 mol/min。有氧代谢缓慢，供能能源为糖、脂肪，ATP 生成很多，没有导致疲劳的副产品，供能时间为 1～3 min，释能速度 0.24～0.5 mol/min，用于耐力或长时间的活动。

（二）篮球运动能量代谢

篮球是一项高强度、高对抗的集体球类运动项目。比赛分为四节，总时间为 40 分钟。在比赛期间，运动员以各种不规律的间歇运动形式完成不同的动作模式，这种运动形式决定了运动员需要全面动员人体的三大供能系统，并且对三种能量代谢系统的能力要求很高，其中运动员的有氧能力是基础，无氧糖酵解能力是保障，无氧磷酸原系统供能能力是关键。在篮球比赛中，运动员通过急起、加速、急停、转身、变向、空切、快速接应、快速回防、快攻、快速运球、传接球、投篮等动作模式来完成比赛的攻防转换，而这些动作模式的完成一般都是在几秒的时间之内，因此要求运动员全力以赴。从能量代谢系统来看，这些动作模式的实现需要磷酸盐无氧代谢系统发挥作用。但是，从比赛的进程来看，运动员需要持续的完成这些动作，磷酸盐供能系统的供能时间受到限制，机体需要动用无氧糖酵解供能来实现上述任务。因此，比赛过程中时常伴有大量的乳酸产生。比赛越激烈、对抗程度越高，乳酸供能的比例越大。同时，比赛过程受到规则的限制、技战术变化等因素的影响，运动员不可能永远保持持续高强度的比赛状态。通常，运动员通过慢跑、走动、暂停、休息等形式进行调整与恢复，这种调整与恢复的方式对运动肌体的有氧供能要求很高。通过这种形式的恢复与调整，为运动员无氧磷酸盐代谢系统的能量代谢，以及乳酸的消除起到了积极的作用，并延缓了疲劳的出现。为后续的高强度、高对抗的冲刺、跳跃等关键动作模式的完成起到了能量的储备作用。近年来，随着科学技术的不断发展，国内外专家运用实时移动分析方法（time-motion analysis）、战术软件解析比赛录像（SIMIScout）等方法对运动员在比赛过程中的移动特征进行研究，试图从定量的角度来把握专项运动的能量代谢特征，为项目特征的总结提供依据。虽然以上方法对运动员比赛过程中的移动特征研究还有一定的局限性，但研究结果已经为我们确定项目特征提供了非常重要的数据支持。

篮球运动员在场上的移动方式的灵活多变，以上的方法只能是作为运动员能量代谢情况一般评估。在持续完成关键技术动作过程中，对运动员的无氧糖酵解供能能力要求更高。根据潘志国博士的研究，以 2020 年国家女篮参加国际比赛中血乳酸值的变化情况。可以看出，在前两节运动员的平均血乳酸值明显高于后两节，说明前两节运动强度明显大于后两节（见表 8-2）。从以上的分析我们可以看出，篮球运动的能量代谢特征：在篮球比赛中，无氧糖酵解系统供能能力及无氧磷酸原系统供能能力对运动员发挥技战术至关重要。但在训练过程中，如何提高运动员的无氧糖酵解供能能力与无氧磷酸原供能能力是一个重要的问题。因此，对于能量代谢能力的提升，需要树立"整体观"，需要把能量代谢系统训练纳入到整个体能训练框架，进行系统性思考。

表 8-2　2020 年女篮国际比赛中血乳酸值

测试时间	人　次	血乳酸
第 1 节	25	7.3 ± 3.3
第 2 节	28	6.7 ± 2.0
第 3 节	22	5.4 ± 1.5
第 4 节	10	5.4 ± 1.6

（三）篮球运动供能特征

根据以上理论和篮球运动的特点，篮球运动供能系统的特点如下：篮球比赛是非周期性的、复杂多变的、速度快、强度大，攻守双方不断增强对抗的运动项目，而力量、速度、耐力、弹跳力是篮球运动的基础，完成这些动作所需要的能量必须要满足机体的能量供给。根据篮球比赛场地及规则的要求，进攻、防守、运球、传球、突破、投篮等都需要一定的动作速度和动作力量。在大强度的运动对抗中，人体的摄氧量不能完全满足这些动作的需氧量。根据 ATP-CP 系统的供能特点，能量释放时不需氧的供给，供能速度快 1.6 mol/min，ATP-CP 此时的供能系统可维持 8～15 s，可使肌肉在强烈收缩时运动 50～100 m。而篮球比赛的特有节奏决定了即使是在连续的攻防转换中，也有相当一部分时间要靠 ATP-CP 供能系统提供能量，并且在能量供给的过程中需求量非常大。但是，人体内的 ATP含量不足以支持肌肉的长时效做功。虽说 ATP-CP 系统中的 CP 可转换成 ATP，但是人体内的 CP 含量也只是 ATP 的 3 倍，要单靠 CP 来支持完成一场篮球比赛是不可能实现的奢望。事实上，在一场篮球比赛中，人体供能的三种系统并非割裂开来独立完成各自的任务，而是通过联合供能满足人体的能量需求。ATP 在分解供能的同时，又重新合成，在间歇休息的时间内，人体通过自身的自我调节，使得 CP 得到快速恢复，为下一次动作完成提供能量补给。篮球运动训练或比赛过程中，运动员不仅要具备快速奔跑的能力，而且要具备一定的力量，随着篮球技术的提高，运动员的身体素质也随之提高，在比赛中对抗性越来越强，身体接触越来越频繁。特别是半场人盯人攻防和全场人盯人攻防时，运动员之间的对抗性变得更加激烈。弹跳力是篮球运动员必备的快速爆发力，拥有良好的弹跳力，就取得了攻防对抗的制空权。对于篮板、封盖、争球、跳投都具有很大优势，运动员在最短的时间内用最快的速度实现最强的爆发力，肌体主要依靠 ATP-CP 系统来实现能量供应。在比赛中，运动员的心率有时会高达 180～216 次 / 分，根据 ATP-CP 系统的供能特点，体内主要由 ATP-CP 系统来提供能量。然而人体的 ATP 含量极少。所以，在比赛中，不可能单纯地依靠一种系统来维持能量供应。乳酸能使肌糖原或葡萄糖在无氧分解过程中再合成 ATP，它是在机体处于供氧不足的情况下，为肌肉活动提供能量的主要供能系统。在篮球比赛中，个别连续的攻守转换，全场紧逼盯人这种强度的对抗，有时可以超过 20 s 以上，而人体中的

ATP-CP 供能系统的供能就不能满足人体肌体所需要的能量，这时就要靠乳酸能来提供能量。当运动中氧的供应能满足氧化供能的要求时，运动所需要的 ATP，即由糖和脂肪的有氧化过程再合成。在比赛中，运动员的肌肉不是每时每刻都处于紧张的做功状态，在较慢的攻守转换中，在不同的位置中，运动员能够吸取到充足的氧，充足的氧将补充人体所消耗的氧，并能够快速实现运动员机体内的能量供给。一场比赛，运动员要在场上往返跑 180～200 次，约 5400～600 m，期间有放松跑、快速奔跑、冲刺跑等，所有的跑，都是根据战术不同而制定，因此，部分能量供应还得靠有氧氧化来实现，否则肌肉会产生过多乳酸。

（四）篮球运动训练特点

快攻是篮球运动竞赛中常用的手段，高质量的快攻通常在 5～8 s 左右完成，对篮球运动员的能量供应要求极高。快攻采用的技术动作往往由突然起动、起跳冲抢篮板球或抢断、变向、变速跑、突破、急停、跳投、上篮或扣篮等环节组合而成。这些快速和突然性完成的动作，对于运动机体所需要的能量主要来自无氧代谢系统供能，以 ATP-CP 系统和乳酸能供能系统为主 (占 85%) 见表 8-3。由比赛实际情况来看，前锋和后卫队员快攻执行的主要人选，快攻队员平均每场比赛得分达 30～40 分左右，全场快攻次数达 15～30 次，因此，前锋和后卫必须具备充沛的体力，尤其是无氧代谢供能能力。

由于 ATP-CP 能量系统是跳跃、百米跑和投掷的主要能量供应系统。在训练中优先发展 ATP-CP 能量系统可以促进速度和爆发力提高。采用超极量强度运动尽可能消耗 ATP-CP 的贮量，刺激 ATP 酶和 CP 酶的活性，以适应超速率的 ATP 合成和能量释放。超极量运动 10s 时，ATP、CP 总消耗达 90% 以上，CP 贮量接近耗竭时，少量乳酸生成。尽可能多的 CP 消耗可以刺激恢复期 CP 的恢复速度和超量恢复，尽可能少的乳酸生成可以保持内环境稳定。因此，发展 ATP-CP 能量系统的运动时间一般不超过 10s。超极量运动后 30sCP 恢复约 70%，基本恢复时为 2～5 min，重复跑时血乳酸可见少量增加。间歇时间安排在 30～90 s，血乳酸从 1 mmol/L 安静值上升到 2.22 mmol/L 后，基本维持一个稳态水平上。同时 ATP 和 CP 在休息间歇得到良好恢复，所以可保持多次超极量重复运动而不动用糖酵解的 ATP-CP 供能。ATP-CP 能量系统的间歇训练，多用于篮球专项有关的训练，设计最佳速度负荷和最佳的力量负荷，让其在 5～10 s 完成，休息间歇为 30～90 s。随着训练水平提高，适当缩短休息间歇，但最短时间不能低于 30 s。根据渐进的超负荷训练原则进行训练时，提高运动强度，使负荷重新达到超极量，但运动时间仍控制 10 s 之内，提高重复运动组数或适当缩短休息间歇。例如速度训练可采用 60～80 m 加速跑，以及 20 m 或 30 m 短距离极限强度跑，时间不超过 8 s。

阵地进攻时能量代谢的特点在整场篮球比赛中大部分时间是进行阵地攻守。一场篮球比赛的总时间约为 90 min 包括中场的休息、暂停、换人及任何停表等。比赛净时间为每节 10 min 共 4 节 40 min（FIBA 规则）。每次进攻时间为 24 s 平均每队能进攻 80～120 次左右每个队员跑动距离约为 4000～5000 m 左右，80% 的时间是通过阵地进攻完成比赛片段。篮球比赛是由频繁的短促快速用力运动和较长时间的低强度无球活动加短暂的休息所组成的间歇式运动。篮球比赛的特有节奏决定了即使是在连续的攻防转换中，也有相当一部分时间要靠 ATP-CP 供能系统来实现供能。它需要的能量非常大，而人体内的 ATP 含量极少，必需边分解边合成才能保证人体 ATP 的含量，才能保证肌肉活动持久。虽说 ATP-CP 系统中的 CP 可转换成 ATP，但是人体内的 CP 含量也只是 ATP 的 3 倍，要单靠 CP 来支持完成一场篮球赛几乎不可能。在比赛中，个别连续的攻守转换，全场紧逼盯人这种强度的运动，有时可以超过 15 s 以上，而人体中 ATP-CP 供能系统的供能就不能满足这时人体内所要的能量，这时就要靠乳酸供能系统来供能。但是乳酸能运用较少因为篮球比赛是以短距离、短时间、大强度的冲刺和慢跑、走、站立的间歇性运动。运动中能量供给是由 ATP-CP 来实现，而且在尚未达到 ATP 和 CP 耗尽之时就进入了间歇，导致 CP 快速恢复，供下一次动作使用。当运动中氧的供应能满足氧化供能的要求时，运动所需要的 ATP 即由糖和脂肪的有氧氧化过程再合成。在篮球比赛中，运动员的肌肉不是每时每刻都处于紧张的做功状态，在较慢的攻守转换、不同的位置中，运动员还是能够吸取到充足的氧的，这些氧将补充人体的所消耗的氧和用来提供能量。比赛中的高强度运动是以高磷酸物质无氧分解供能为基础的，中、低强度运动时是高能磷酸物质快速有氧恢复时相，无氧供能总时相约占 10%～15%，有氧供能时相约占 85%～90%。

表 8-3　三种能量供应的特点

供能系统	供能物质	供能时间 /s	释能速度 /（mol/min）
ATP-CP 系统	CP	8～15	1.6～3.0
乳酸能供能系统	肌糖原	20～90	1.0
有氧氧化供能系统	糖和脂肪	1～3 以上	0.24～0.5

比赛中，队员在中低强度的无球活动和各种短暂休息时主要以有氧代谢供能，即通过糖的有氧氧化产生 ATP。在持球突破、争抢篮板、投篮、全场紧逼等短时间、高强度的运动时，主要以无氧代谢供能，这些技术动作是构成篮球比赛的重要组成部分，其生物化学基础便是 ATP 供能和 CP 储备及其相互间的代谢。当队员在激烈的比赛中，断断续续地完成这些短时间、高强度的动作。ATP 不足时，磷酸肌酸（CP）将能量转移到二磷酸腺苷（ADP）分子上，生成 ATP，ATP 又继续分解，供应能量：CP+ADP，ATP+ 肌酸，如此反复大强度运动，使得体内 ATP-CP 等高能磷酸物含量下降，造成运动员产生体能上不足，而直接影响战术和快攻的实施。因此，在训练强度上应以大强度训练为主，适当穿插中低强度与高强度的训练。根据表 8-4，发展乳酸供能系统多采用极限强度和次极限强度训练，在专项训练上，可采用全场的五人快速传接球快攻，训练是要求向前推进速度要快，奔跑的速度要快，而且要做到每一次训练的时间要超过 30s 以上，间歇休息以 2～3 min 为宜，目的在于造成乳酸堆积使人体的耐受能力达到最大值，以提高机体的耐受力和适应能力，从而增强乳酸能系统供能能力。有氧代谢采用大、中强度；在训练时，一般一次训练时间不能少于 3～5 min，多采用变速跑、间歇跑训练。比如在训练时，以 8～10 人一组，成一路做变速跑训练，队尾队员在跑动中以最快速度跑，超过所有队员，跑到队前，而最后的队员则接着重复同样的方法。在训练后，要定期测试运动员的最大吸氧量和无氧量，以评定运动员的训练水平。

表 8-4　不同训练方法的供能百分比

训练方法	ATP-CP 供能	无氧酸解供能	有氧供能
多次重复疾跑	90	6	4
持续性跑	2	8	90
持续慢跑	2	5	93
快速间歇跑	30	50	20

训练方法	ATP-CP 供能	无氧酸解供能	有氧供能
慢速间歇跑	10	30	60
加速疾跑	90	5	5

中锋在限制区的身体对抗异常激烈，对中锋运动员的体能储备及运动训练要求较高。运动员每次进攻时，经常出现最大用力的对抗相持阶段（瞬间和数秒钟内），有憋气现象，此时强度非常大，时间短，属于无氧工作，会产生一定的氧债，为无氧代谢供能过程。还有连续地起跳抢篮板、补篮或扣篮及防守的封盖、打球等动作，也属于无氧工作过程。篮球运动员在大负荷运动后即刻血乳酸 LA 值在 8.4 mM/L 左右，运动后 4 min 可达 11 mM/L。篮球运动员在进行连续快攻、全场人盯人、区域紧逼战术时运动员均以无氧供能为主。据成惜今等对我国甲级女篮比赛活动方式的研究，在比赛中运动员无氧供能占总供能的 87%，有氧供能占 12.6%，可见 ATP-CP 与糖酵解供能起着非常重要的作用。中锋和大前锋在比赛中技术运用，应加强其绝对力量和爆发性力量训练，主要是腰、腹部力量，上肢力量及腿部力量。以便促进连续起跳能力，上肢的爆发性用力、抗阻力能力，腰部的扭转、抗压、屈伸能力的提升。上肢和腰部可用抗阻力练习，腿部的绝对力量用极限或亚极限强度的重量负重练习，而爆发性力量练习采用轻重量的快速动作练习，间隔时间 3～4 min。

第二节 篮球运动员攻防特点分析

篮球训练理念、篮球运动风格、篮球运动流派等相关内容是重要的篮球运动理论，直接影响篮球运动的推广发展和训练实践。篮球运动员的培养既需要先进的理论体系，也需要科学的训练实践，国家队男子篮球攻防战术特点代表着中国篮球运动最高训练水平。理论指导实践，实践检验理论，共同推进高水平篮球运动员培养。

（一）篮球运动训练理念

概念是理解事物发展的逻辑起点。因此，要理解中国篮球运动训练理念，应该先搞清楚理念、运动训练理念等相关概念。那么，什么是理念呢？"理"是指为事物的普遍规律；"念"是指对事物的规律在人脑中的反映和作用；理念指人们在理性领域内的概念。《辞海》认为，所谓理念，把人从个别事物中抽象而得到的普遍概念加以绝对化，并把它说成是事物的原型。这种永恒不变的理念的总和构成了理念世界。训练理念指的是训练者在实际训练过程中，对体育项目与运动训练的本质、特点、规律及价值认识的综合体现，是为达到完成运动训练任务的目的而定下的指导思想和持有的观念与态度，是对运动训练所持有的统一的认识。训练理念不是训练显示或训练实践，是对训练实践的自觉反映。训练理念是理念持有者对训练实践的清醒判断与认识。因此，中国篮球运动训练理念指人们在从事篮球运动实践过程中，以系统、科学的总结和思考形成对篮球运动在本质上、客观规律上、价值判断上、实现途径上的普世性看法和判断，它是一种科学的、系统性的规律。中国篮球运动训练理念具体体现技术训练、战术训练、体能训练、心智训练等方面。

1895 年，篮球运动开始传入中国，经历了上百年的发展。在篮球运动的发展过程中，篮球运动理念随着社会发展时期的不同，而有着不同的转变。在 20世纪 50 年代，我国的篮球运动理念初步形成，当时我国与各个积极建交，使得与各国的交流活动增加，这就使得篮球训练的理念受到了来自不同国家训练理念的影响。在这一时期，我国的篮球运动着重于打造出一种既具有世界性又符合中国篮球运动发展的篮球训练理念，这是当时我国篮球运动发展的主要任务。在 1955 年，我国大力发展生产力，进行全民劳动，为了迎合这一时期的整体社会风貌，我国提出了"积极、主动、快速"的篮球训练理念，以促进篮球运动的发展。1957 年，我国在 1955 年提出的篮球运动训练理念的基础上，加入了灵活、准确的概念；而在 1959 年，我国篮球运动在比赛中开始注重防守结合的打法，提出了"以我为主，以攻为主，积极防守"的训练理念，在这一时期，我国的篮球运动训练理念有了突破性的发展，形成了比较系统的训练理念。

自 20 世纪 60 年代开始到 20 世纪 70 年代，我国的篮球运动受到当时社会的影响，篮球训练理念受到了很大的发展限制，处于停滞不前的状态。1970 年中期以后，我国的篮球运动开始重新起步发展，我国的篮球训练理念有了新的转变，在"积极、主动、快速、准确"的基础上，提出了"勇猛顽强、全面"的训练理念。

20 世纪 80 年代，可谓是篮球运动发展的黄金时期，在这一时期，我国提出了改革开发的发展方针，使得我国的思想得到了解放，并且生产力水平急剧上升，我国篮球运动逐渐形成了以"竞技体育为中心、思想一盘棋、组织一条龙、训练一贯制"的正式训练体制。之后，在此基础上，提出了"苦""三从一大""以大打小"的训练理念，极大地促进了我国篮球运动的发展。

自 20 世纪 90 年代开始，我国针对篮球运动进行了系统化的改革，使得篮球运动更加符合职业化的需求。随着篮球运动的变革，篮球训练理念也相应地发生了转变。在这一时期，我国篮球运动以"三从一大"为原则，进行科学的篮球训练，制定了以"系统训练、打好基础、加强体能、个面创新、百花齐放"为基础的方针策略，坚持"快、准、灵、防、狠"的技术风格，提出了"以我为主、内外结合、以快为主、快慢结合、以防为主、灵活变化"的训练理念。2005 年后我国篮球训练理念：以世界先进篮球技战术为方向，形成全面、快速、准确、稳定、凶悍的技术风格和内外结合、攻守兼备、以守促攻、快速多变、多点进攻的战术风格。以世界篮球先进技战术为目标，坚持"三从一大"科学训练原则和"两严"方针，系统训练、区别对待。

篮球训练理念的形成，不是短时间内一蹴而就的，需要经过长时间的积累与沉淀。篮球训练理念具备思想性、实践性、创造性等特点。比如，"以我为主、内外结合、以快为主、快慢结合"等理念转化为"以先进篮球技战术为方向，形成全面、快速、准确、凶悍的技术风格"等。在人类历史发展过程中，不管是一个国家还是一个政党，假如缺少一个共同的理念都会成为一盘散沙，寿命都不会长久。从 1955 年开始我国第一次提出篮球训练理念之后，根据各个阶段世界篮球的发展状况，先后召开了多次全国性质的篮球会议，有针对性地完善了篮球运动训练理念。篮球运动训练理念虽然在表述方面存在差异，但是能够反映我国各个阶段篮球运动的发展状况，并且能够解决实际存在的问题。总之，篮球训练理念推动了我国篮球运动的发展，同时，也反映了篮球科技工作者的集体智慧，形成具有本国、本民族特色的篮球运动理论。纵观世界各国的篮球运动发展历史，虽然有着共同的发展规律，但是在发展中还是呈现出不同的风格，形成了流派群雄的局面。不同风格之间的球队能够相互借鉴，推动世界篮球运动向更高水平发展。

（二）篮球运动风格流派

篮球运动风格，是篮球运动员在比赛中所表现出来的思想作风、身体、技术和战术特点的综合体现。中国篮球运动的风格是经过不断地历史总结和与运动实践，培育和发展形成的具有中国特色的思想作风、身体、技术和战术特点的综合体现。中国现代篮球运动风格的形成，是在继承中国近代篮球运动发展中老一辈篮球运动员的优点和特长的基础上，遵循篮球运动的客观规律，结合我国篮球运动的特点，经过广大教练员、篮球工作者的大胆探索和创新，以及广大运动员的勤学苦练和经历了无数次的国内外大型比赛的严峻考验才逐步形成的。概括起来就是"积极、主动，勇猛、顽强，快速、灵活、全面、准确"的 16 字方针。为了在普及的基础上迅速提高运动竞技水平，以适应我国国际交往的需要，中国政府相关的主管部门成立了国家级篮球集训队，在国际交往的过程中，倡导"狠、快、准、灵"的技术风格和"以我为主，以攻为主，以快为主"的战术指导思想。根据中国篮球风格的 16 字方针，确立了中国篮球运动训练指导思想。到 20 世纪 60 年代中期，中国篮球事业、篮球竞技水平、社会普及的广度和深度，都形成了自己的特点，其中就技术和战术而言，"跳投、快攻、全场紧逼"已经成为中国队在频繁的国际交往中战胜世界强队的攻守三大法宝。历史也证明了，1949 年新中国成立以后，中国篮球事业得到了全面的普及和提高，逐步形成了自己的风格特点，为中国现代篮球运动攀登世界高峰奠定了坚实的理论和实践基础。

篮球运动流派是指在一定的历史时期里，在思想倾向、技术特点、打法及风格上相同或相似的队所形成的篮球派别。如我国篮球运动中的南派、北派。流派和风格有着密切的联系，流派寓于风格之中。中国篮球运动流派成熟于 20 世纪 30 年代，已经形成了南派和北派的不同风格和特点。其表现形式是南派队员身高不够突出，但是讲究动作技巧，有较强的比赛意识，配合细腻、协调。而北派打法，队员身体强壮，技术动作大刀阔斧，攻防骁勇，而技术动作的技巧和配合意识较南派略逊一筹。中国篮球运动流派以南派和北派为主体，但在中国现代篮球运动中，随着社会生产力及社会交往的快速发展，篮球运动队不断加强技战术创新与发展，篮球运动流派逐渐多样化。中国篮球运动的发展，在 20 世纪 50 年代已经出现多种流派争相竞技的场面。国家男、女篮球队是集中全国多种流派为一体的最高水平的群体。篮球运动风格和流派的形成与发展，是深受国际篮球运动影响，也是各队在长期的训练、比赛、借鉴、探索和创新中锤炼而成的。

（三）国家男子篮球队攻防能力特点

"进攻能赢得比赛，进攻是最佳的防守"。这是许多国内外篮球教练的观点，同时"防守能赢得冠军"体现了现代篮球比赛向着攻守平衡方向发展的趋势。现代篮球的防守已向着主动出击、先发制人、虚实结合、综合多变的方向发展。在防守过程中强调主动性、凶悍性、力量性和破坏性。在防守技术上，多采用主动抢位、堵截与积极换位抢断等个人防守技术；防守战术多采用综合和压迫性防守战术来制约对手。因此，在凶悍、拼斗性强的防守面前，每一次进攻都需要有胆识，要敢于并善于拼斗，积极主动掌握进攻节奏，把握进攻时机。未来的篮球仍将沿着这一方向发展。要想追赶世界强队，中国男子篮球队当务之急是转变训练指导思想，要"以防促攻、攻守平衡"，扎扎实实地发展综合多变的进攻战术体系，集中精力狠抓进攻质量，增强抗干扰能力，提高进攻的有效性，才能取得比赛的胜利。进攻的有效性主要以全队的得分、助攻，以及对前场篮板球的拼抢技术指标为主，对中国队与对手进攻能力强弱的比较（见表 8-5）。

表 8-5　得分能力、助攻及前场篮板球比较

	中国队	对手	t	P
平均每场得分	64.9	81.3	-2.75	0.017
平均每场快攻得分	2.1	14.9	-5.44	0.000
平均每场罚球次数	19.1	25	-1.89	0.084
平均每场命中率	37.4	46.1	-2.35	0.037
平均每场助攻	8.86	15.0	-2.23	0.046
平均每场助攻（前 4 名）	8.86	13.5	-2.45	0.037
平均每场篮板球数	31.86	35.57	1.55	0.147
平均每场进攻篮板球数	9.4	10.6	-0.82	0.43
平均每场二次得分	3.6	7.3	-1.56	0.156

（数据来自第 28 届奥运会 ARG、ANG、AUS、CHN、ESP、GRE、LTU、NZL、PUR、SCG、USA12 支队伍）

中国队在得分能力上同对手有显著差异，平均每场得分中国队为 64.9，而对手为 81.3，差异显著（P<0.05）；在快攻得分上，中国队同对手差别特别显著（P<0.01）；在命中率上同对手也存在显著差异（P<0.05）。在本次比赛中，取得胜利的两场比赛，均以明显的罚球得分而胜出：对新西兰比赛结果为 69∶62，其中罚球得分为 18∶6；对塞黑结果是 67∶66，其中罚球得分为 18∶7。中国队在进攻上缺乏有效手段，基本失去以往"快""准""灵"的篮球风格。

助攻次数的多少可以反映出一支队伍整体进攻和有效进攻的能力，助攻越多，进攻的合理性越高；对于防守而言，助攻得益于防守的漏人。从表中可以看出，中国队同对手在助攻上有显著性差异，说明中国队在总体进攻配合能力上较差，体现在个人的进攻能力不强，不能充分利用突破分球，或高位的掩护拉开分球或投篮。只有加强个人进攻能力，提高突破、传球能力，才能有效改善整体进攻能力。在 7 场比赛中，中国队平均每场抢得 31.86 个篮板球，其中进攻篮板 9.4 个，跟其他队相比，无显著差异。但是比较 t 值（-0.82>-1.55）发现进攻篮板做得比防守篮板好些。由于他得前场篮板，能够直接二次进攻得分，所以应注意积极拼抢前场篮板球，本次比赛中国队二次进攻得分同对手相比有一定的差距，但无显著差异（表 8-6）。进攻的抗干扰性主要指在对手的积极防守下，尽量避免进攻的失误，包括违例失误、被抢断、封盖等技术指标。

表 8-6　被封盖、抢断、失误差异比较表

	中国队	对手	t	P
平均每场被封盖次数	3.14	1.14	0.085	＞0.05
平均每场被抢断次数	8.14	3.0	5.35	＜0.01
平均每场失误	18.14	12.0	2.8	＜0.05

在比赛中，封盖对方的投篮，不仅能破坏对方的进攻，而且能够极大地鼓舞己方士气，使对方在心理上产生畏惧。本届奥运会上，中国队 7 场比赛平均每场被封盖 3.14 次，而对手平均每场被盖帽仅 1.14 次，虽然差异不显著，但对队员在心理上产生一定的影响，表现在一些平时在国内比赛中投篮很准的球员，在本届奥运会比赛中却发挥不出应有的水平，投篮时不够果断，自信心不强。从表中可看出中国队平均每场被抢断球为 8.14 次，而对方仅 3.0 次，经检验差异非常显著（P<0.01）。纵观本届各强队的个人防守都具有很强的攻击性和干扰性，主要表

现为：对持球运动员大胆采用迎上去贴身紧逼的防守策略，以防投为主，其他同伴协防突破。贴身防守时积极抢球、打球，干扰传球，为断球创造机会，并且由抢断球发动快攻的成功率是最高的。从表8-5可以看出中国队平均每场快攻得分为2.1，而对手为14.9。随着进攻技战术的飞速发展，相应地促进了防守的发展。当代篮球运动的显著特点之一是攻守对抗的凶悍和拼斗性的日趋激烈。在攻守对抗中，只有积极主动，才能掌握先机。比赛中，队员的失误对本方的士气有很大的消极作用，有时关键的失误成为比赛胜负转折点，这样的例子在NBA比赛中是屡见不鲜的。在7场比赛中中国队平均每场失误18.14次，而对方仅12次，相比差异显著（P<0.05），见表8-6。尤其是同意大利的比赛，在身高上，中国队占优势。但是中国队的失误有22次，而意大利队仅9次，被对方抢断9次，封盖7次，而中国队抢断1次，封盖1次。对方采用的是积极地紧逼扩大防守策略，使中国队内外线脱节造成失误。激战16天的世界篮球锦标赛谢幕，欧美球队依然稳居前八名，亚非球队依旧落后，格局未变。但世界篮球的打法朝着整体性更高、更快、更强的方向发展。虽然中国的篮球发展很快，CBA不断推陈出新，改革逐步与世界接轨，但这次世锦赛的失利依然暴露出中国篮球与世界篮球强队间的差距。根据抢断球、封盖、抢防守篮板球、犯规与罚球关联4个方面数据，对中国队队员与对手个人防守对抗能力比较分析（表8-7所示）。

表8-7 抢断、封盖、命中率、篮板球数据一览表

	中国	美国	意大利	斯洛文尼亚	波多黎各	塞内加尔	t	P
场均抢断	3.6	13	6.8	7.6	6.4	7.8	-2.821	0.009
场均封盖	4.6	4.2	2	2.8	2	2.6	2.212	0.035
命中率	45	52.9	48.4	47.1	47.4	42.3		
对中国队命中率		53.8	40.5	43	41.8	47.4		
平均每场篮板球	33	35.8	31.6	35.6	30.2	34	-0.15	0.882
抢防守篮板球	22.4	22.6	20.8	23.8	23.2	23.2		
失去篮板	35.4	30.8	31.8	28.4	37.2	37.8		

（以上数据均来源于男子世界篮球锦标赛六支队伍中国队、美国队、波多黎各队、意大利队、斯洛文利亚队、塞内加尔队）

在比赛中，同其他队相比，抢断能力差异特别显著。通过抢断球的多少能反

映该队防守的积极程度，是队员防守攻击性强弱的一个重要指标，并且由抢断球发动快攻的成功率是最高的。从表 8-7 可看出中国队平均每场抢断球为 3.6 次，而对方达 8.32 次，经检验差异非常显著。纵观本届世锦赛，各个队的个人防守都具有很强的攻击性和干扰性，主要表现为：对持球和运球运动员大胆采用迎上去贴身紧逼的防守策略，防投篮为主，其他同伴协防突破。贴身防守时积极抢、打球，积极干扰传球，为断球创造机会。同其他队相比，中国队封盖能力比较突出。在比赛中，封盖对方的投篮，不仅破坏对方的进攻，而且能够极大地鼓舞已方士气，使对方在心理上产生畏惧，是内线队员防守能力的体现。中国队五场比赛共封盖达 23 次，平均每场盖帽 4.6 次，比平均 2.72 次有显著差异。正因为中国内线的防守对方同中国队比赛时 2 分球的命中率均有所下降（见表 8-8）。同其他队比较，中国队对篮板球的控制能力较差。本次世锦赛，中国队对篮板球的控制较差，均场抢 33 个而失去 35.4 个，在小组中排第 4 位，抢防守篮板球 22.4 个，排第 5 位，除姚明和易建联外，其他队员鲜有作为，尤其是前锋和后卫对抢篮板球的保护不够。同其他队比较，中国队犯规次数同罚球关联度较高。当今篮球运动的显著特点之一是攻守对抗的凶悍和拼斗性的日趋激烈。在攻守对杭中，只有积极主动，才能掌握先机。防守时充分利用身体和手部的合理动作，压迫对手，干扰进攻，在减少犯规的情况下，迫使对方失误，或在恰当时机直接利用犯规缓解防守压力。从表 8-8 可以看出：中国队犯规同罚球的关联度比较高（关联度 = 罚球数 / 犯规数）。中国队平均每次犯规给对方 1 次以上的罚球，意味着犯规送给对手直接得分的可能性更大。反观意大利队，犯规次数最多，而让对手罚球数却最少，关键在于把握犯规的度，即犯规的数量与质量，总而言之，不能让对方轻易得分。

表 8-8　犯规与罚球关联表

	中国	美国	意大利	斯洛文尼亚	波多黎各	塞内加尔
场均犯规数	23	18.6	24.8	23.4	23.2	22.8
对方罚球数	25.6	18.4	17	24.4	25.6	27.8
关联度	111.3%	98.92%	68.54%	104.27%	110.34%	121.93%

从比赛看，体现两种显著风格：一种是美国、波多黎各、非洲安哥拉、尼日

利亚等等，这都是个人能力比较强的球队，第二种就是西班牙、希腊、阿根廷、土耳其这样整体打球的队伍。比赛结果表明欧洲的整体打法应该是成了世界篮球发展主导趋势。从体现整体防守配合的效果，根据对方的得分、助攻次数、对方失误 3 项技术指标对中国队与对手防守能力进行比较。中国队失分较高，体现整体防守协调配合能力需加强。从得分的多少可以看出进攻能力的强弱，从对方得分的多少可以看出整体防守能力。在这届世锦赛的五场比赛中，中国队平均每场得分 84.8，而失分 91，差异不显著（P>0.05）。但中国队的失分最高，这说明中国队的防守得分能力较差，对进攻队员的防守不紧，中国队的防守显得比较消极，尤其是外围的防守，对方利用大个掩护就能拉开空当，或者是档拆分球配合，快速找到投篮机会，快速的投篮，使中国队的防守顾此失彼，轻易撕开中国队的防守。由于个人防守能力弱于对手，整体防守协防、默契不够，中国队在提高个人防守能力的同时应加强整体协防配合。同对手比较，中国失误和对方失误反差大，体现在防守不够凶狠，攻击性不强。篮球比赛中，队员的失误对本方的士气有很大的消极作用，有时关键的失误是致命的，这样的例子在 NBA 赛中是屡见不鲜。在五场比赛中中国队平均每场失误 15.8 次，而对方平均 13.8 次，相比差异不显著（P>0.05）。中国队的失误（15.8 次）同 5 场比赛对手的失误（10.2 次）差异特别显著（t=3.587p=o.007<0.01）。对方采用的是积极地紧逼扩大防守策略，使中国队内外线脱节，造成失误。同中国队相比，对手的助攻能力比中国队强。助攻次数的多少可以反映出一支队伍整体进攻和有效进攻的能力，助攻越多，进攻的合理性越高；对于防守而言，助攻得益于防守的漏人。从表 8-9 可以看出，中国队同对手在助攻上差异不显著，问题出在中国队在协防时思想不统一，补防配合不默契、及时，导致防守漏人，只有加强个人防守，提高协防配合，才能改善整体防守能力。

表 8-9　中国队与对手得分、助攻、失误情况一览表

	中国	美国	意大利	斯洛文尼亚	波多黎各	塞加内尔	t	P
场均得分	84.8	108.6	73.2	86.8	86.8	71	−0.157	0.877
场均失分	91	85.6	73.4	86.6	88	90.2	0.825	0.417
场均助攻	14	19.4	14.8	15.4	12.2	12.2	−0.303	0.717

续表

	中国	美国	意大利	斯洛文尼亚	波多黎各	塞加内尔	t	P
场均失误	15.8	10.8	11	14.6	14.4	16.2	0.981	0.335
对方失误	10.2	15.6	15	13.8	14.4	13.4		

第三节　高大中锋队员的选育分析

竞技篮球运动比赛中，往往认为中锋运动员竞技能力及竞技水平的高低，在很大程度上决定了球队的比赛成绩。正因如此，在篮球界业内有这样的说法"得中锋者，得天下"。这句话虽然有一点点"夸张"，但是从某种意义上来讲，一支球队拥有出色的中锋运动员的确能够为整个队伍带来很高的荣誉。回顾中国国家队男篮历史上取得的成绩，就与国家队拥有一大批优秀中锋运动员分不开，比如穆铁柱、姚明、王治郅、巴特尔、易建联等球星。2011 年 7 月 20 日，随着姚明退役新闻发布会的召开，中国篮球运动管理中心的一位负责人非常伤感地说了这样一句话："没有姚明的中国男篮，在世界篮坛就是一支二流水平的球队"。事实上，姚明退役后的中国国家队男篮在国际大赛上的确表现为力不从心，举步维艰。特别是 2012 年伦敦奥运会小组赛以 0 胜的战绩惨遭淘汰。这一成绩给中国篮球运动的管理者、专家和学者带来很大的震撼。显然，中国男篮过于依赖姚明的作用和能力，导致球队整体实力取决于其个人的竞技实力。既然姚明已经退役了，难道中国国家队男篮就停滞不前了吗？答案是否定的。那么中国男子篮球运动该如何培养自己的后备力量，中锋运动员的竞技能力和竞技水平对整个球队的成绩到底有多大的影响呢？通过对我国 CBA 中锋运动员的多项指标进行统计，并采用相关分析的方法，以期透过现象发现其本质规律。

（一）高大中锋队员选材指标

自 20 世纪 30 年代以来，现代篮球竞技比赛中运动员的身高就一直是决定比赛胜负的重要因素之一。随着篮球运动的发展，对抗变得越来越激烈，限制区的争夺几近白热化，对运动员的要求既要高还要结实，身体形态特别是运动员的体重成为选材的参考指标之一。2021—2022 年度 CBA 前八名共 30 名中锋运动员的身高体重基本情况如表 8-10 所示。中锋运动员身高体重及克托莱指数三者之间的相关性分析如表 8-11 所示，其中体重与克托莱指数相关性 P=.000<0.01。很显然，体重和克托莱指数呈非常显著性相关。

表 8-10　2021—2022 年度 CBA 前八名俱乐部中锋身高体重的基本情况

	N	Minimum	Maximum	Mean	Std.Deviation
身高	30	2.00	2.26	2.0956	.06256
体重	30	90.00	135.00	1.0876E2	12.11056
克托莱指数	30	416.67	633.14	5.1889E2	54.08572

表 8-11　2021—2022 年度 CBA 前八名俱乐部中锋身高体重及克托莱指数的相关性分析

		身高	体重	克托莱指数
身高	Pearson Correlation	1	.345	.076
	Sig.（2-tailed）		.062	.679
	N	30	30	30
体重	Pearson Correlation	.354	1	.962**
	Sig.（2-tailed）	.062		.000
	N	30	30	30
克托莱指数	Pearson Correlation	.075	.962**	1
	Sig.（2-tailed）	.679	.000	
	N	30	30	30
**. Correlation is significant at the 0.01 level（2-tailed）.				

从运动训练的角度来看，篮球运动属于技能主导类同场竞技对抗性项目，其比赛成绩依据在规定时间内得分多少来评判胜负。在进攻和防守争夺极为激烈的比赛过程中，竞赛对运动员的身体形态及素质也提出了更高的要求。中锋篮底下的对抗既要有高度，还要有体重。从表中可以看出，我国 CBA 前八名中锋运动员的平均身高接近 2.10 m。可以说，在身高这项指标上，我国 CBA 前八名中锋运动员接近世界中锋运动员的水平。但是我国中锋运动的平均体重不到 110.0 kg 克，克托莱指数均值为 518.89。而美国 NBA 中锋运动员的平均体重为 124.87 kg，克托莱指数均值为 579.5。相比之下，这两项指标还存在一定的差距。很明显，克托莱指数 = 体重 / 身高 ×1000，进入成人阶段后的身高受骨骼发育的影响基本

上不会有太大的变化，但是体重可以有选择性地增加，这恰好也反映出体重和克托莱指数高度相关性。事实上，我国中锋运动员在征战国际赛场的时候，由于体重较轻，在篮下对抗稍显逊色。这也是为什么我国中锋运动员比如姚明、易建联、周琪等中锋运动员征战 NBA 赛场期间，体能师要求他们需要增加体重的重要原因。根据 2021—2022 年度 CBA 赛季中国篮协官方数据，运动员注册该赛季的年龄。场次是指 2021—2022 年度 CBA 赛季中锋运动员为各俱乐部效力的场数。表8-12 表明 2021—2022 年度 CBA 赛季前八名俱乐部中锋运动员的年龄均值为 22.5岁，最大的 36 岁，最小的才 17 岁。2021—2022 年度赛季中锋运动员为俱乐部效力出场次数均值为 21.3 次，最高达 44 场，最低的表现为板凳，没有机会为球队在赛场上做贡献。通过表 8-13 我们可以看出，年龄、场次及场均得分的相互关系，年龄与场均得分的相关性 P=.004<0.01，呈非常显著性相关。场次与场均得分的相关性 P=.006<0.01，呈非常显著性相关。

表 8-12 2021—2022 年度 CBA 前八名俱乐部中锋年龄场次的基本情况

	N	Minimum	Maximum	Mean	Std. Deviation
年龄	30	17.00	35.00	22.4667	4.33696
场次	30	.00	44.00	21.3333	15.01111

表 8-13 2021—2022 年度 CBA 前八名俱乐部中锋年龄场次及场均得分的相关分析

		年龄	场次	场均得分
年龄	Pearson Correlation	1	.347	.488**
	Sig.（2-tailed）		.061	.006
	N	30	30	30
场次	Pearson Correlation	.346	1	.511**
	Sig.（2-tailed）	.061		.004
	N	30	30	30
场均得分	Pearson Correlation	.488**	.511**	1
	Sig.（2-tailed）	.006	.004	
	N	30	30	30
**. Correlation is significant at the 0.01 level（2-tailed）.				

　　根据数理统计的结果，可以看出，我国 2021—2022 年度 CBA 前八名各俱乐部中锋运动员年龄、场次与场均得分呈非常显著性相关。其原因主要是年龄太小，相对来说比赛经验有限，篮球意识缺乏。年龄过大，受运动寿命的影响，虽然比赛经验丰富，但毕竟岁月不饶人，同样不能更好地为球队效力。相对于美国 NBA 中锋运动员的平均年龄 29.3 岁，并且大多数中锋运动员都是经过高中联赛、大学联赛毕业后被选拔进入 NBA，积累了丰富的实战经验。很显然，我国 CBA 中锋运动员不论是年龄，还是篮球意识都存在一定的差距，从一定程度上讲，也反映出我国 CBA 中锋运动员在选材和培养上存在问题。根据中国篮协官方的统计数据，2021—2022 年度 CBA 前八名我国中锋运动员的得分方式均采用的是百分比。由表 8-14 统计情况来看，两分球命中率均值为 40.55%，三分球命中率仅为 8.06%，罚球命中率 52.70%，有的中锋运动员罚球命中率高达 86.08%，场均得分为 4.57 分，有些运动员表现优异场均能达到 16.7 分。从表 8-15 Pearson Correlation 相关分析的结果来看，我国中锋运动员两分球命中率和罚球命中率的相互关系 P=.000<0.01，呈非常显著性相关。我国中锋运动员两分球命中率和场均得分的相互关系 P=.003<0.01，呈非常显著性相关。我国中锋运动员三分球命中率和罚球命中率的相互关系 P=.03<0.05，呈显著性相关。我国中锋运动员罚球命中率和场均得分的相互关系 P=.000<0.01，呈非常显著性相关。我国中锋运动两分球命中率、三分球命中率、罚球命中率，以及场均得分和球队名次之间的关系 P>0.05，从统计学意义上讲，相关性不是很明显。

表 8-14　2021—2022 年度 CBA 前八名俱乐部中锋得分方式的基本情况

	N	Minimum	Maximum	Mean	Std.Deviation
两分球	30	.00	65.22	40.5550	22.19045
三分球	30	.00	40.91	8.0647	13.40594
罚球	30	.00	86.08	52.6987	26.17052
场均得分	30	.00	16.70	4.5767	4.20358

表 8-15　2021—2022 年度 CBA 前八名俱乐部中锋得分方式、场均得分以及名次的相关分析

		两分球	三分球	罚球	场均得分	名次
两分球	Pearson Correlation	1	.237	.737**	.516**	−.033
	Sig.（2−tailed）		.208	.000	.003	.864
	N	30	30	30	30	30
三分球	Pearson Correlation	.237	1	.396*	.317	.249
	Sig.（2−tailed）	.208		.030	.088	.185
	N	30	30	30	30	30
罚球	Pearson Correlation	.737**	.396*	1	.630**	−.055
	Sig.（2−tailed）	.000	.030		.000	.775
	N	30	30	30	30	30
场均得分	Pearson Correlation	.516**	.317	.630**	1	−.194
	Sig.（2−tailed）	.003	.088	.000		.305
	N	30	30	30	30	30
名次	Pearson Correlation	−.033	.249	−.055	−.194	1
	Sig.（2−tailed）	.864	.185	.775	.305	
	N	30	30	30	30	30
**. Correlation is significant at the 0.01 level（2−tailed）.						
*. Correlation is significant at the 0.05 level（2−tailed）.						

　　现代竞技篮球运动是一项在规定时间内通过得分多少来判断胜负的竞赛活动。因此，得分成为运动员在场上参与竞争的首要目标。显然，中锋运动员必须具备一定的进攻得分能力，特别是随着现代竞技篮球中锋"位置模糊"战术现象的出现，中锋具有外线三分的能力能为球队带来全新的战术安排。两分球、三分球、罚球作为中锋运动员的不同的得分方式，对于运动员选手来说应该是一种正向迁移关系。如果中锋运动员能够通过不同的得分方式为球队效力，个人的场均得分率也会提高。虽然，从统计学意义上讲，中锋运动员的得分率和名次之间的相互关系不是很明显。但中锋运动员具备较强的得分攻击能力，是球队获得优异成绩的重要构成因素。

（二）高大中锋队员进攻能力

中锋运动员的进攻能力是考查运动员竞技水平的重要参考指标。从表 8-16 中锋运动员进攻能力的基本情况可以看出，我国中锋的前场篮板球均值为 1.12 个，最高位 3.70 个。扣篮均值为 0.22 次，最高为 2.67 个。助攻次数均值为 0.6 次，最高的为 4.30 次。前场篮板球与扣篮之间的关系 P=.000<0.01，呈非常显著性相关。前场篮板球与助攻之间的关系 P=.002<0.01，呈非常显著性相关。但前场篮板球、扣篮、助攻和名次之间相互关系 P>0.05，从统计学意义上讲，相关性不是很明显。

表 8-16　2021—2022 年度 CBA 前八名俱乐部中锋进攻能力的基本情况

	N	Minimum	Maximum	Mean	Std.Deviation
前场篮板	30	.00	3.70	1.1233	.92426
扣篮	30	.00	2.67	.2167	.52166
助攻	30	.00	4.30	.6000	.88668

表 8-17　2021—2022 年度 CBA 前八名俱乐部中锋进攻能力以及名次的相关分析

		前场篮板	扣篮	助攻	名次
前场篮板	Pearson Correlation	1	.633**	.543**	-.198
	Sig.（2-tailed）		.000	.002	.293
	N	30	30	30	30
扣篮	Pearson Correlation	.633**	1	.257	-.156
	Sig.（2-tailed）	.000		.170	.411
	N	30	30	30	30
助攻	Pearson Correlation	.543**	.257	1	-.060
	Sig.（2-tailed）	.002	.170		.752
	N	30	30	30	30
名次	Pearson Correlation	-.198	-.156	-.060	1
	Sig.（2-tailed）	.293	.411	.752	
	N	30	30	30	30
**. Correlation is significant at the 0.01 level（2-tailed）.					

　　前场篮板球、扣篮、助攻三项指标不仅仅能反映出中锋运动员的个人进攻能力，同时还反映出中锋运动员的战术意识。从统计的数据看，我国中锋运动员的前场篮板球均值不是很高，一方面说明对手在防守中锋方面具有较强的能力，另一方面说明我国中锋对进攻篮板球落点的判断还需要进一步的训练。前场篮板球是二次进攻得分的保障。从前场篮板球与扣篮和助攻的关系可以看出，中锋运动员抢到前场篮板球可以直接进攻，也可以暴扣，同时还可以助攻，可见对前场篮板球争夺的重要意义。前场篮板球、扣篮及助攻与名次之间的关系，在统计学上没有很大的相关性，但是前场篮板球是二次进攻的保障，扣篮能够激发队友比赛的斗志，助攻能够为队友创造更好的得分机会，这些都是球队取得好成绩必须注意的细节。

　　进攻和防守篮球运动项目的基本规律，攻守平衡是一种艺术。有效地防守能给对手带来威慑，为本队创造防守反击的机会。从表 8-18 可以看出，我国 CBA 中锋运动员后场篮板球均值为 1.92 个，最高可达 7.30 个。盖帽均值为 0.37 次，最高为 1.8 次。抢断均值为 0.33 次，最高为 1 次。根据表 10 可以看出，我国 CBA 中锋运动员后场篮板球、盖帽、抢断以及名次之间的相互关系。后场篮板球与盖帽之间的关系 P=.000<0.01，呈非常显著性相关。后场篮板球与抢断之间的关系 P=.000<0.01，呈非常显著性相关。抢断与盖帽之间的关系 P=.001<0.01，呈非常显著性相关。而后场篮板球、盖帽，以及抢断与名次之间相互关系 P>0.05，从统计学意义上讲，相关性不是很明显。

表 8-18　2021—2022 年度 CBA 前八名俱乐部中锋防守能力的基本情况

	N	Minimum	Maximum	Mean	Std.Deviation
后场篮板	30	.00	7.30	1.9233	1.81729
盖帽	30	.00	1.80	.3667	.42045
抢断	30	.00	1.00	.3300	.28303

表 8-19　2021—2022 年度 CBA 前八名俱乐部中锋防守能力及名次的相关分析

		后场篮板	盖帽	抢断	名次
后场篮板	Pearson Correlation	1	.692**	.831**	-.154
	Sig.（2-tailed）		.000	.000	.418
	N	30	30	30	30
盖帽	Pearson Correlation	.692**	1	.571**	-.105
	Sig.（2-tailed）	.000		.001	.580
	N	30	30	30	30
抢断	Pearson Correlation	.831**	.571**	1	-.144
	Sig.（2-tailed）	.000	.001		.447
	N	30	30	30	30
名次	Pearson Correlation	-.154	-.105	-.144	1
	Sig.（2-tailed）	.418	.580	.447	
	N	30	30	30	30
**. Correlation is significant at the 0.01 level（2-tailed）.					

中锋运动员的防守能力是评价运动员竞技水平的又一重要指标。后场篮板球是球队防守反击的保障，在篮球比赛过程中教练员和运动员都非常重视对后场篮板球的保护。盖帽和抢断既是运动员防守能力的表现，也是运动员积极拼抢意志的反映，有效的盖帽和抢断是发动快攻的关键。我国中锋运动员具备了国际水平的身高优势，长期以来"快速、灵活、准确"是我国篮球运动训练的重要指导思想。在这种意识的指导下，运动员的拼抢能力得到了提高。意识决定行为，运动员的行动表现通过意识的支配产生效果，抢断、盖帽与后场篮板球虽然是独立的技术评价指标，但是通过防守意识的训练，调动了运动员的防守积极性，在拼抢意志的支配下，通过后场篮板、盖帽、抢断等行动来表现他们的防守能力。虽然，从统计学意义上讲后场篮板球、盖帽、抢断与名次之间相关性不明显，但是认为对球队成绩有间接的影响。

被侵、犯规和失误事实上是作用在运动员个体身上两种不同性质的表现。被侵是被动的行为，而犯规和失误是中锋运动员的主动行为。从表 8-20 可以看出我国中锋运动员被侵均值在 1.2 次，最高可达 4.7 次。犯规均值为 1.75 次，最高为 3.6 次。失误均值为 0.94 次，最高 2.10 次。被侵、犯规、失误与名次之间的相互关系如表 8-21 所示。被侵与犯规之间的相互关系 P=.008<0.01，呈非常显著性相关。被侵与失误之间的相互关系 P=.000<0.01，呈非常显著性相关。犯规与失误之间的相互关系 P=.001<0.01，呈非常显著性相关。而被侵、犯规、失误与名次之间的相互关系 P>0.05，从统计学意义上讲，相关性不是很明显。

表 8-20　2021—2022CBA 前八名俱乐部中锋被侵、犯规、失误的基本情况

	N	Minimum	Maximum	Mean	Std.Deviation
被侵	30	.00	4.70	1.2100	1.15769
犯规	30	.00	3.60	1.7533	1.13342
失误	30	.00	2.10	.9400	.67139

表 8-21　2021—2022CBA 前八名俱乐部中锋被侵、犯规、失误以及名次的相关分析

		被侵	犯规	失误	名次
被侵	Pearson Correlation	1	.476**	.819**	-.103
	Sig.（2-tailed）		.008	.000	.589
	N	30	30	30	30
犯规	Pearson Correlation	.476**	1	.586**	-.046
	Sig.（2-tailed）	.008		.001	.808
	N	30	30	30	30
失误	Pearson Correlation	.819**	.586**	1	-.100
	Sig.（2-tailed）	.000	.001		.598
	N	30	30	30	30
名次	Pearson Correlation	-.103	-.046	-.100	1
	Sig.（2-tailed）	.589	.808	.598	
	N	30	30	30	30
**. Correlation is significant at the 0.01 level（2-tailed）.					

　　被侵是一种被动行为，作用在中锋运动员个体身上，反映出中锋运动员的攻击性和侵略性，说明能给对手带来威慑，从而帮助球队获利。犯规和失误说明我国中锋运动员在激烈的争夺和高强度的对抗中还存在经验积累不足，场上心理承受能力不强的弱点。被侵、犯规、失误之间呈显著性相关，认为与心理因素和比

赛经验有关。中锋运动员在比赛过程中情绪控制非常重要，被侵后如果不能控制后好自身的情绪，受"冲动"的影响可能就会造成犯规或者失误。由于比赛经验不足，运动员失误后为了挽救自己的过失，积极拼抢，动作幅度过大，导致犯规。因此，提高中锋运动员的比赛经验，提升运动员的心理控制能力成为竞技篮球运动训练思考的问题。被侵、犯规、失误与名次之间的相关性不是很明显，但是犯规和失误导致球队丢分，间接影响球队的名次。

（三）高大中锋队员得分能力

篮球运动训练就是为了运动员在大强度高对抗下的比赛过程中能够得分。篮球中锋运动员是一个球队的核心和灵魂，往往成为一支球队竞技实力的标志，中锋运动员的得分方式成为对手研究如何防守的重点。我国学者对中锋运动员的进攻技术进行了广泛和深入的研究，包括位置技术、篮板球技术、投篮技术、持球技术等，同时对中锋运动员进攻技术的运用及特点进行了总结。但是，对于中锋运动员的得分方式、得分手段，以及与之相关指标之间存在的关联性缺乏相应的研究。篮球运动一切技术的训练和运用，最终的目的就是为了能够准确得分。因此，选择我国 CBA 中锋运动员的得分能力，围绕运动员得分采用的手段，以及与之有关的指标，进行相关性分析。

事物的发展总是具有内在的联系。中锋运动员的得分技术不是一个孤立的技术形式。可以说，得分技术是其他进攻技术和外在条件综合运用的最终表现。根据中国篮协官网的数据资料，结合对篮球领域专家访谈，选用如表 8-22 所示的 9 项指标进行分析。得分方式离不开对得分手段的分析。从表 8-22 可以看出，我国 CBA 中锋运动员场均得分均值为 4.58 分，最高值为 16.70 分。两分球命中率均值为 40.56%，最高值为 65.22%。三分球命中率均值为 8.06%，最高值为 40.91%。罚球命中率均值为 52.70%，最高值 86.08%。扣篮均值为 0.22 次，最高为 2.67 次。前场篮板球均值为 1.12 个，最高值为 3.70 个。由此可见，通过最高值与平均值的比较，反映出我国 CBA 中锋运动员运用直接得分手段进行得分的数据离散程度较高。表明我国 CBA 中锋运动员在进攻端能够直接得分的能力不强，需要进一步的加强攻击性，提高得分能力。特别是中锋运动员三分球得分的能力，我国中锋运动员仅为 8.06%。随着篮球运动的发展，中锋位置模糊概念的提出，中锋运动员内线外拉，进行三分投射已经成为世界强队发展的趋势。我国中锋运动员应该紧跟世界篮球运动的发展潮流，进行三分远投能力的训练。

表 8-22　2021—2022CBA 前八名俱乐部中锋各项指标的基本情况

	N	Minimum	Maximum	Mean	Std.Deviation
场均得分	30	.00	16.70	4.5767	4.20358
两分球	30	.00	65.22	40.5550	22.19045
三分球	30	.00	40.91	8.0647	13.40594
罚球	30	.00	86.08	52.6987	26.17052
扣篮	30	.00	2.67	.2167	.52166
前场篮板	30	.00	3.70	1.1233	.92426
身高	30	2.00	2.27	2.0957	.06246
体重	30	90.00	135.00	1.0877E2	12.11065
年龄	30	17.00	36.00	22.4667	4.33696

事实上，中锋运动员得分方式除了与直接的得分手段有关之外，还与其他因素有内在的联系。通过对我国 CBA 中锋运动员生物指标的统计，中锋运动员的身高均值为 2.09 m，最高值为 2.27 m，体重均值为 108 kg，最重的为 135 kg。年龄的均值为 22.47 岁，最大的是 36 岁。由此可见，我国 CBA 中锋运动员的身高已经达到国际一流球队身高的水平，具备了与之抗衡的能力，但是中锋运动员的体重最轻的仅为 90 kg，反映出我国中锋运动员普遍偏瘦，不利于篮底下的对抗，这也成为影响我国中锋运动员内线直接得分的重要因素。年龄一方面能够反映中锋运动员的可塑性，另一方面也反映出中锋运动员比赛经验积累程度。从表 8-22 得知，我国中锋运动员年龄差距较大，表明我国中锋运动员后备人才培养出了问题。年纪大，虽然积累了丰富的赛场经验，但是受身体伤病的影响，竞技状态难以保持最佳；年纪小，可塑性强，但是赛场经验不足，容易造成失误。这些都是影响我国中锋运动员得分能力的重要因素。

中锋运动员的得分需要通过一定的手段来获取，根据中国篮协官网的数据进行统计分，表 8-23 反映的是我国 CBA 前八名各俱乐部中锋运动员场均得分与得分手段相关分析的情况。从表 8-23 Pearson Correlation 相关分析的结果来看，场均得分与罚球命中率、两分球命中率、三分球命中率及扣篮之间的相互关系P<0.01，呈非常显著性相关。表明我国CBA中锋运动员的得分方式与得分手段之间的关系呈非常显著性相关。

表 8-23 2021—2022 年度 CBA 前八名各俱乐部场均得分与得分手段相关分析的情况

		场均得分	罚球	两分球	三分球	扣篮
场均得分	Pearson Correlation	1	.630**	.516**	.317	.672**
	Sig.（2-tailed）		.000	.003	.088	.000
	N	30	30	30	30	30
罚球	Pearson Correlation	.630**	1	.737**	.396*	.251
	Sig.（2-tailed）	.000		.000	.030	.180
	N	30	30	30	30	30
两分球	Pearson Correlation	.516**	.737**	1	.237	.199
	Sig.（2-tailed）	.003	.000		.208	.293
	N	30	30	30	30	30
三分球	Pearson Correlation	.317	.396*	.237	1	-.165
	Sig.（2-tailed）	.088	.030	.208		.384
	N	30	30	30	30	30
扣篮	Pearson Correlation	.672**	.251	.199	-.165	1
	Sig.（2-tailed）	.000	.180	.293	.384	
	N	30	30	30	30	30
**. Correlation is significant at the 0.01 level（2-tailed）.						
*. Correlation is significant at the 0.05 level（2-tailed）.						

显然，中锋运动员的得分手段是得分方式的重要表征。罚球命中率与两分球命中率呈非常显著性相关P<0.01，与三分球命中率呈显著性相关P<0.05。事实上，不论是在国内赛场，还是在国际赛场，我国中锋运动员罚球命中率相对来说比较高，稳定性较好。说明在没有对抗条件下，我国中锋运动员具备一定的投篮得分能力。中锋运动员两分球和三分球的投篮得分，通常需要在大强度高对抗的条件下进行，从表1可以反映出我国中锋运动员这两项数据的均值不是很高，一方面反映出在对抗条件下中锋运动员的得分能力较低，另一方面也表明我国CBA中锋运动员能够直接得分手段的有效性不高，进而反映出在中锋运动员进攻得分技术训练过程中，需要加强得分手段的有效性和多样性。场均得分与扣篮之间的关

系 P<0.01，呈非常显著性相关。表明中锋运动员通过扣篮得分是最有效的得分手段，我国中锋运动员虽然体重不占优势，但具备较高的身高优势，利用身高和扣篮进攻技术，在篮下直接得分，既有效又经济同时还能提高队伍的士气。

中锋运动的得分方式不是一个独立的技术手段，通过中国篮协官网的数据统计，利用 Pearson Correlation 相关分析的方法，对我国 CBA 中锋运动员场均得分与其它指标进行相关分析，结果如表 8-24 所示。表 8-24 统计分析结果表明，场均得分与身高的关系 P=0.005<0.01，呈非常显著性相关。场均得分与体重的关系 P=0.007<0.01，呈非常显著性相关。场均得分与前场篮板球的关系 P=0.000<0.01，呈非常显著性相关。场均得分与年龄的关系 P=0.001<0.01，呈非常显著性相关。进一步说明，中锋运动员的得分方式及得分能力不仅仅与直接得分手段相关，而且还与其它间接因素相关。篮球运动进攻技术中，前场篮板球是二次进攻的保障，同时也是中锋运动员直接得分的有效攻击手段。我国 CBA 中锋运动员场均篮板球仅为 1.12 次，从一定程度上讲，说明我国中锋运动员的拼抢意识不强，对球的反弹规律没有足够的认识，不利于制造得分机会。身高、体重和年龄再次反映了对中锋运动员得分的相关性，同时也说明运动员选材的重要性。中锋运动员的得分能力需要一定的运动天赋，外在条件是中锋运动员天赋的必要支撑。

表 8-24　2021-2022CBA 前八名各俱乐部场均得分与其他指标相关分析的情况

		场均得分	身高	体重	前场篮板	年龄
场均得分	Pearson Correlation	1	.499**	.479**	.815**	.567**
	Sig.（2-tailed）		.005	.007	.000	.001
	N	30	30	30	30	30
身高	Pearson Correlation	.499**	1	.972**	.579**	.913**
	Sig.（2-tailed）	.005		.000	.001	.000
	N	30	30	30	30	30
体重	Pearson Correlation	.479**	.972**	1	.575**	.918**
	Sig.（2-tailed）	.007	.000		.001	.000
	N	30	30	30	30	30
前场篮板	Pearson Correlation	.815**	.579**	.575**	1	.602**
	Sig.（2-tailed）	.000	.001	.001		.000
	N	30	30	30	30	30

续表

		场均得分	身高	体重	前场篮板	年龄
年龄	Pearson Correlation	.567**	.913**	.918**	.602**	1
	Sig.（2-tailed）	.001	.000	.000	.000	
	N	30	30	30	30	30
**. Correlation is significant at the 0.01 level（2-tailed）.						

（四）高大中锋队员选育评价

准确把握篮球中锋运动员的选材规律。中锋运动员的选材显得尤为重要，根据有关学者的研究，将运动员分为三种类型，全面灵活型，主要特点是身体条件一般，协调性好，内外均衡；内线强攻型，主要特点是身体比较强壮，爆发力好，内线强攻为主；外线为主型，主要特点是身体强壮，有一定的身高，以中远距离投篮得分为主。良好的选才是成功的开始，教练员应根据所选拔的中锋运动员因材施教，进行针对性的训练。现代篮球运动随着运动员身体素质的提高，以及对技战术运用的娴熟程度，身体接触变得越来越频繁。在高速、激烈的比赛过程中，有对抗的突破、投篮、运球、传球等已经成为一种常态。中锋运动员作为内线球员，每次进攻都是在对方防守队员的干扰中进行，因此合理的身体对抗是难免的。

努力提升中锋运动员内线进攻得分有效性。首先应该提高中锋运动员在合理对抗条件下动作的稳定性。只有在平时的训练过程中提高中锋运动员心理和身体对抗的感受能力，运动员在激烈的比赛条件下，才有可能稳定地发挥技战术水平。投篮是中锋运动员得分的唯一方式。运动员要想赢得比赛，最为关键的就是不断地向对方的球篮发动攻击，每次投篮都是对对方有效的威胁。所以，各种各样的投篮练习成为篮球中锋运动员必备的训练内容。通过对中锋运动员进行各种方式的投篮练习，增强运动员的本体感觉，增强神经肌肉在运动员大脑中的记忆。在平时的训练过程中有必要增加运动员投篮的心理训练，培养中锋运动员投篮自信心和成就感。中锋运动员特长技术的培养是建立在全面掌握基本技术基础之上的训练。随着现代篮球运动的发展，每个运动员基本上都掌握了篮球进攻的基础技术，在实战的过程中主要是根据运动员自身的运用能力而选择不同的技术或技术组合。因此，特长技术的培养就是保证在常规动作不能发挥威力的时候，运动员使出自身的"绝招"对对方篮圈发功攻击。中锋运动员特长技术的培养不仅仅要体现出"独特性"，更应该体现出"有效性"和"实用性"。

本章小结

篮球运动训练理念是指导中国篮球运动训练重要的指导思想，是经过长期的实践总结而归纳出来的思想、观念、方法。中国篮球训练理念的形成，有利于我国篮球运动的发展和提高，有利于广大篮球教育工作者对运动项目本质特征规律的深刻认识，有利于中国篮球运动风格的形成。中国篮球运动的风格，是经过不断地历史总结和与运动实践，培育和发展而形成的具有中国特色的思想作风、身体、技术和战术特点的综合体现。中国篮球运动风格概括起来就是"积极主动，勇猛顽强，快速、灵活、全面、准确"的16字方针。为了在普及的基础上迅速提高篮球运动竞技水平，以适应我国国际交往的需要，在国际交往的过程中，中国篮球倡导"狠、快、准、灵"的技术风格和"以我为主，以攻为主，以快为主"的战术指导思想。与世界男子篮球强队相比，中国男子篮球整体实力还存在一定的差距，从宏观上既要认真审视世界篮球运动的发展动态，也要从微观上加强技战术的训练，抓好基本功，练好基本技战术，重视运动员选材和科学的训练方法。

随着姚明、王治郅、巴特尔、易建联等一代中锋逐渐退役，中国竞技篮球应该加快后备人才培养步伐，制定科学合理的运动员人才选拔制度，培养更多的优秀运动员选手，而不仅仅是培养中锋运动员。同时，要学习国外先进的篮球运动训练理念，科学化训练，提高运动员的竞技能力和竞技水平。以我国CBA联赛等为平台培养出更多赛场经验丰富、心理素质过硬的竞技篮球运动员，提升我国竞技篮球运动整体竞争力。根据我国CBA中锋运动员的得分能力不强，得分方式的均值不高，三分球命中率较低。建议我国中锋运动员需要进一步提高攻击性，注重运动员的选材，强化高强对抗下的投篮能力，培养特长进攻技术并丰富中锋运动员的得分手段。

第八章　结论与建议

　　在中国共产党领导下，新时代新征程推进中国式现代化体育强国建设，创造了中国式文明新形态；新思想、新理论引领中国篮球运动理论研究与创新，从理论和实践上破除了西方国家体育强国建设模式的唯一性。篮球运动理论研究与实践是新时代"理论自信""文化自信"的重要体现。中国式现代化体育强国建设，应加快建构现代篮球运动理论体系，坚持理论自信，坚持本土化人才培养，坚持科学化训练实践，有效推进中国篮球运动再上新台阶。本研究主要结论与建议包括以下几点。

　　（1）篮球运动的起源不是一种偶然现象，发明篮球运动的根本目的是为资产阶级服务。在篮球活动中，参与者或观赏者能感受到篮球带给人的乐趣，在享受活动本身激情的同时，也增进了人与人之间的尊重、了解、理解。篮球运动的本质是一种教育活动，它的核心是使参与者或观赏者感受到人的价值的存在，人和社会、自然的高度和谐；它的表现形式是以人、球、球篮、场地为固定元素，通过合理的方法和手段，在一定规则约束下，以得分多者为优胜的准确性活动。

　　（2）篮球文化是指以篮球运动为媒介，在人类发展的社会实践过程中，观赏者或参与群体通过篮球运动的对象性活动，主动认识和适应篮球运动的发展变化，谋求自身的生存与发展，获得篮球核心价值观的群体共识，传递价值观念、社会意识等的综合体。中国篮球文化是篮球文化与中国传统文化结合而产生的一种带有明显中国元素，能够反映中国内在民族精神、价值取向、习俗、理论规范所构成的相对稳定的行为方式。中国篮球文化的本质是建立在篮球文化本质，即"人"的实践创造性基础上反映物质实践与精神实践双重性的本质论。中国篮球文化的基本特征主要体现在融合性和发展性、民族性和人类性、竞技性和群众性、创造性和创新性四个方面。中国篮球文化是中国本土文化和美国文化结合的产物，是与民族文化的选择、冲突、交融和变迁过程中逐步形成的一种文化现象。中国篮球文化的形成与发展本身蕴藏着历史文化的积淀，人文精神与价值观念的凝聚，物质文明与精神文明的融合，社会非主流文化与主流文化的交替。

（3）高校篮球文化是指观赏和参与篮球运动的人的思维方式和行为方式的制度化凝结，是推广、普及、传承、创新篮球运动的知识、技能、习俗和制度的总和。其核心是重在参与全面育人的大学精神，其实质是感受篮球，享受篮球，超越篮球。高校篮球文化的最大价值表现在篮球运动和文化教育结合，不但能强健体魄，更主要的是培养人的精神品质，使人的身体素质、道德精神得到全面和谐发展和提高。

（4）中国职业篮球正在向市场化、社会化、产业化迈步。中国特色社会主义市场经济体制为我国职业篮球职业文化的发展提供了一个稳定的生存空间。为适应市场化、社会化、产业化发展的需要，增强我国职业篮球市场竞争力和国际影响力，CBA 职业篮球联盟需要进一步深化体制机制改革，以 CBA 品牌文化为中心，提高 CBA 联赛竞技水平，推动 CBA 体育产业文化高质量发展。CBA 球场暴力是中国职业篮球运动实践过程中客观存在的一种文化现象。CBA 既需要制定出完善的管理体制来规范和适应这种社会文化现象，同时还需要对这种暴力文化进行引导，将暴力阈值限制在可控的范围内。

（5）运动员、教练员是推动中国篮球运动高质量发展的核心要素。中国式现代化体育强国建设，中国竞技篮球应该加快后备人才培养步伐，制定科学合理的运动员人才选拔制度，提高篮球运动训练科学化水平，培养更多的优秀运动员。新时代、新征程，要充分利用中国式现代化体育强国建设的机遇优势，发挥政府机构宏观调控的杠杆作用，加快篮球教练员的培养步伐，加强岗位培训的制度化建设，提升教练员的文化素质，提高教练员岗位培训质量，将有潜力的篮球教练员培养成国内一流、国际知名，具有国际竞争力的篮球教练员。

（6）当前中国篮球运动理论与实践研究式微，一方面，从事篮球运动理论研究的科技工作者数量不足。高校教师作为篮球运动理论研究的重要群体，受科技成果评价导向的影响，大量高校教师不再从事运动项目训练理论方面的探索，转而从事人文社科、易出成果拿项目的研究，导致科技人才的短缺。另一方面，近些年来中国篮球运动水平下滑严重，导致篮球运动理论研究与实践缺乏话语权。

虽然，从政策和管理层面多次呼吁"振兴三大球"，但是更多的财力、物力、人力投向了足球运动。篮球运动成绩的持续低迷、后备人才培养乏力、文化产业的无序开发，导致篮球运动发展的整体质量不高。因此，建议组建篮球运动理论科研团队，梳理世界篮球运动的发展脉络，总结世界篮球运动的特征趋势，建构中国篮球运动的理论体系，探索中国篮球运动的科学化训练道路。同时，积极探索中国式现代化篮球运动文化的创新路径，赶超世界篮球运动强国，提高中国篮球运动的国际影响力。

参考文献

[1] 黄安年.美国的崛起——17—19世纪的美国 [M].北京：中国社会科学出版社，1992.

[2] 叶国雄，陈树华.篮球运动研究必读 [M].北京：人民体育出版社，1998.

[3] 全国体育院校教材委员会.篮球 [M].北京：人民体育出版社，1991.

[4] 殷成年，裘长城.篮球 [M].北京：人民体育出版社，1995.

[5] NAISMITH. Basketball-its origin and development [M]. New York：Association Press，2012.

[6] 吴文忠.中国体育发展史 [M].台北：三民书局，1981.

[7] 苏慧丽，于伟.教育应回归人的生命本质——论自否定对教育的规定 [J].学术探索，2022，（4）：149-156.

[8] 罗林，刘春来.篮球运动起源的辩证唯物观 [J].首都体育学院学报，2003（2）：45-46.

[9] 谭朕斌.对篮球运动起源的考证——纪念篮球运动传入中国110周年 [J].首都体育学院学报，2006（4）：6-8.

[10] 杨桦，姜登荣.篮球运动的起源及其在中国初期发展的历史考略 [J].成都体育学院学报，1997（1）：31-35.

[11] 邬焜，答凯艳.人的本质与人的全新进化方式 [J].长沙理工大学学报，2020，35（4）：15-22.

[12] 姜登荣，杨桦.篮球运动的产生与早期的发展 [J].成都体育学院学报，1983（3）：50-56.

[13] 裘长城.漫画女子篮球的起源 [J].体育文化导刊，2003：77.

[14] 陈培永.对马克思关于人的本质问题论断的再理解 [J].思想理论教育导刊，2021，（9）：51-57.

[15] 李明达.对篮球运动本质、特征及规律的再探讨 [J].北京体育大学学报，2005（28）：834-837.

[16] 杨桦.论篮球运动的本质、特征及规律 [J].成都体育学院学报，2001（27）：60-62.

[17] 薛岚.论篮球运动的本质特征及发展趋向 [J].北京体育大学学报，2001（24）：12-14.

[18] 孙民治.从篮球运动本质及发展进程论国际强队的格局与形成要素 [J].体育学刊，2003（10）：109-112.

[19] 文吉昌，薄海.习近平关于中华传统优秀文化重要论述的逻辑里路 [J].理论导刊，2022，（10）：4-10.

[20] 王路.亚里士多德的逻辑学说 [M].北京：中国社会科学出版社，1991.

[21] 黑格尔.哲学史演讲录（第 2 卷）[M].北京：商务印书馆，1960.

[22] 郑杭生.社会学概论新修 [M].北京：中国人民出版社，2003.

[23] 卢元镇.中国体育文化纵横谈 [M].北京：北京体育大学出版社，2005.

[24] 张文奎.人文地理学概论 [M].吉林：东北师范大学出版社，1993.

[25] 刘玉林.现代篮球运动 [M].北京：人民体育出版社，2006.

[26] 黎鸣.恢复哲学的尊严 [M].北京：中国社会出版社，2005.

[27] 苑文静.身体哲学视域下中国传统体育思想与西方传统体育思想的会通 [J].首都体育学院学报，2022，（11）：33-40.

[28] 陈钿莹.表征与记忆：红色文化的具象化建构 [J].思想理论教育，2022，（10）：67-73.

[29] 李元伟.打造篮球文化构建和谐篮球 [J].体育文化导刊，2006（1）：3-4.

[30] 孙民治、杨伯镛.关于我国篮球文化的一些思考 [J].上海体育学院学报，2006，30（2）：30-34.

[31] 郭永波.篮球文化的理论框架构建 [D].北京：北京体育大学，2004.

[32] 李颖川，孙民治，于振峰.新视角下的篮球文化内涵、现状与趋势的再研究 [J].北京体育大学学报，2006，29（6）：727-730.

[33] 陈小蓉.体育非物质文化遗产：概念、特征、功能、分类 [J].体育科学，2022，42（4）：14-21.

[34] 巩庆波，胡宗媛.中国篮球文化研究现状分析 [J].首都体育学院学报，2008，20（2）：104-106.

[35] 舒刚民.篮球运动起源与本质的再研究 [J].成都体育学院学报，2011,37（5）：66-70.

[36] 刘石.传媒视野下篮球运动文化特征及其教育功能研究 [J].广州体育学院学报，2006，26（2）：19-22.

[37] 衣俊卿.文化哲学十五讲 [M].北京：北京大学出版社，2004.

[38] 李娟."返本开新"之策略：中国文论研究的文化人类学视野 [J].社会科学战线，2015，（6）：171-176.

[39] 舒刚民.中国篮球文化的理论解读——中国篮球文化的概念、本质及其特征 [J].吉林体育学院学报.2013，2（29）：24-27.

[40] 张大力，石岩.我国篮球职业联赛球场观众暴力现状成因与遏制 [J].西安体育学院学报，2007，3（24）：13-16.

[41] 田乐.角斗场文化与审美研究 [D].西安：陕西师范大学，2016.

[42] 马进荣，宫士君，刘文娟.篮球竞赛中球员暴力问题研究 [J].沈阳体育学院学报，2010，3（29）：102-105.

[43] 谢明，余学好，陈志辉，等.我国篮球竞赛暴力事件中球员暴力成因与对策研究 [J].体育与科学，2011，5（32）：90-94.

[44] 张成云.CBA 球场暴力分析 [J].体育文化导刊，2012（8）：64-67.

[45] 刘龙，钟兴龙.暴力攻击裁判现象探析 [J].体育科学研究，2021，25（06）：42-51.

[46] 钱宗梅，刘志民.我国球员群殴行为研究 [J].体育文化导刊，2013，5：49-52.

[47] 石岩，郭纯超.我国球场观众暴力的认知与治理 [J].西安体育学院学报.2014，1（31）：55-60.

[48] 任磊，石岩.国际体育暴力的三大研究热点分析与展望 [C]// 全国运动心理学会议，2018：48.

[49] 李睿.运动暴力之选手暴力：微观社会学理论 [J].体育与科学,2015,3（36）：25-36.

[50] 胡小明.国外体育人类学述评 [J].武汉体育学院学报，2006，4（40）：1-8.

[51] 华智 .IOC 委员董守义传 [M].北京：人民体育出版社，1993.

[52] 吴畏等 .CBA 球场暴力构成因素研究 [J].广州体育学院学报，2012，2（32）：50-53.

[53] .胡小明 .人类学的历程与体育研究 [J].体育学刊，2013，20（3）：7-14.

[54] JAEGER W.Paideia：the Ideals of Greek Culture [M].Ox-ford：Oxford University Press，1965

[55] 赵国炳 .文化人类学的身体动作研究及其对体育人类学的启示 [J].体育与科学 .2014，4（35）：8-23.

[56] 简·艾伦 .古希腊宗教的社会起源 [M].谢世坚，译 .桂林：广西师范大学出版社，2004.

[57] 古斯塔夫·勒庞 .乌合之众：大众心理研究 [M].北京：中央编译出版社，2005.

[58] DAVIDG，MYERS. Social psychology. [M]. York Graphics Services，Inc. 1996.

[59] 黄淑娉，龚佩华 .文化人类学理论方法研究 [M].广东：广东高等教育出版社，2013.

[60] 李元伟 .篮球文化理念——体育不单是蹦蹦跳跳 [N].中国体育报，2005-06-02.

[61] 于可红 .体育文化 [M].桂林：广西师范大学出版社，2003.

[62] 杨文轩，杨霆 .体育概论 [M].北京：高等教育出版社，2005.

[63] 洪远朋 .《资本论》教程简编 [M].上海：复旦大学出版社，2003.

[64] 龚正伟 .学校体育改革与发展论 [M] 北京：北京体育大学出版社，2002.

[65] 全国体育院校教材委员会 .篮球运动高级教程 [M].北京：人民体育出版社，2000.

[66] 马万凤，徐金华，夏小平，等 .试论高校体育文化的特征及功能 [J].北京体育大学学报，2003，26（4）：508-510.

[67] 杨德银，龚德贵 .校园体育文化建设 [J].体育学刊，2001，（3）：86- 87.

[68] 彭雪涵 .论高校体育文化 [J].福州大学学报（哲学社会科学版),2004,68(4)：107-111.

[69] 体育院校成人教育协作组《运动训练学》教材编写组 . 运动训练学 [M]. 北京：人民体育出版社，2000.

[70] 徐跃杰 . 篮球经纬 [M]. 湖北：中国地质大学出版社，2004.

[71] 孙民治 . 现代篮球高级教程 [M]. 北京：人民体育出版社，2004.

[72] 杨铁黎 . 职业篮球市场论 [M]. 北京：北京体育出版社，2003.

[73] 孙民治 . 篮球纵横 [M]. 北京：人民体育出版社，1996.

[74] 张林 . 职业体育俱乐部运行机制 .[M]. 北京：人民体育出版社，2001.

[75] 徐济成等 NBA50 年 [M]. 北京：人民体育出版社，1997.

[76] 钟添发，文福祥，董尔智，等 . 中国篮球运动史 [M]. 武汉：武汉出版社 .1991.

[77] 蔡理 . 加入 WTO 后中国体育市场营销环境分析 [J]. 浙江体育科学，2004（3）：7-10

[78] 张保华 . 美英两国职业体育经济分析 [J]. 体育学刊，2004（2）：139-141.

[79] 冯蕴中 . 我国体育产业发展战略研究 [J]. 体育与学刊，2004，25（1）：30-34.

[80] 俞继英 . 奥林匹克篮球 [M]. 北京：人民体育出版社，2001.

[81] 全国体育院校教材委员会 . 篮球运动高级教程 [M]. 北京：人民体育出版社，2000。

[82] 张林 . 职业体育俱乐部运行机制 .[M] 北京：人民体育出版社，2001.

[83] 高卫 . 中国篮球运动发展史 [M]. 西安：西安体育学院学报编辑部，1989.

[84] 刘玉林 . 现代篮球运动研究 [M]. 北京：人民体育出版社，2006.

[85] 孙义良 . 中国篮球产业发展的机遇与挑战 [J]. 体育成人教育学刊，2003（3）：10-11

[86] 田野 . 运动生理学高级教程 [M]. 北京：高等教育出版社，2003.

[87] 郑陆，隋波，潘丽平 . 不同项目运动员在不同强度运动中血氨水平的变化规律及其与血乳酸水平相关性的研究 [J]. 山东体育学院学报，2000，（3）：15-22.

[88] 许奋奋 . 大学生篮球运动员能量代谢与能力训练的探讨 [J]. 河北师范大学学报（教育科学版），1998，（4）：397-398.

[89] 体育院、系教材编审委员会《运动生理学》编写组 . 运动生理学 [M]. 北京：人民体育出版社，1990.

[90] 盖建武，黄承国.篮球运动员有氧代谢特征及专项耐力素质的研究 [J].体育函授通讯，2000,（1）：38-39.

[91] 李伊，翟维清.试探篮球运动的供能特点 [J].山西师范大学体育学院学报，1997,（12）：42-44.

[92] 高炳宏，赵秋蓉.搏击类项目的能量代谢的特点 [J].西安体育学院学报，2004,（1）：58-61.

[93] 潘志国.基于力量主导的国家女篮体能训练研究 [D].北京：北京体育大学，2015.

[94] 陈钿壬.篮球运动的能量供应特征 [J].科技信息，2010（12）：642.

[95] 李辅材.中国篮球运动史 [M].武汉：武汉出版社，1991 年 12 月第 1 版。

[96] 梁达.我国篮球训练理念的积极作用与训练策略探析 [J].当代体育科技，2015,（5）：34-36.

[97] 刘笑莒.我国篮球运动训练理念历史沿革研究 [J].科技展望，2014（23）：196.

[98] 孙民治.中国体育教练员岗位培训教材篮球 [M].北京：人民体育出版社，2001.

[99] 刘新平.教育统计与测评导论 [M].北京：科学出版社，2003.

[100] 丛湖平.体育统计 [M].北京：高等教育出版社，1996.

[101] 张俊青，马仑.第 14 届世界男子篮球锦标赛中国队攻防能力分析 [J].中国体育科技，2003（8）：36-37，47.

[102] 秦云华.从悉尼奥运会看我国男篮与世界男篮水平的差距 [J].体育与科学，2001（5）：31-32.

[103] 沈如玲.现代篮球技战术发展的特点及我国现状与对策 [J].体育与科学，2000（1）：43-45，48.

[104] 赵成，张继池.中国男子篮球队与对手攻守能力差异比较研究 [J].中国体育科技，2003（7）：19-20.

[105] 胡安义.中国男篮第 28 届奥运会比赛能力分析田 [J].湖北师范学院学报，2015（4）：20-23.

[106] 胡安义，舒刚民.对第 28 届奥运会男子篮球赛中国队进攻能力的分析 [J].

湖北体育科技，2006，（3）：203-204.

[107] 刘玉林. 现代篮球中锋队员的主要技术动作及运用 [J]. 北京体育大学学报.1995，18（6）：34-37.

[108] 张锁雁. 篮球中锋强攻技术运用能力研究 [J]. 天津体育学院学报，1998，13（3）：87-89.

[109] 马祖勤.NBA 篮球中锋队员进攻技术的特点 [J]. 上海体育学院学报，2000，24（12）：8-9.

[110] 王东星. 当代优秀女子篮球中锋个人进攻特点分析 [J]. 中国体育科技，2004，40（2）：60-62.

[111] 陈德春. 对我国篮球中锋队员培养与训练的探讨 [J]. 中国体育教练员，2010，4（2）：28-29.

[112] 张文彤，董伟.SPSS 统计分析高级教程 [M]. 高等教育出版社，2004.

[113] 常晓伟. 对第 11 届全运会决赛阶段男篮前 8 名中锋进攻技术运用的分析和研究 [D]. 上海：上海体育学院 2010.

[114] 王科. 对 CBA 和 NBA 优秀中锋技术水平及相关影响因素的比较研究 [D]. 济南：山东师范大学，2007.

[115] 刘星. 现代篮球中锋外线进攻与组织技术特点研究 [J]. 成都体育学院学报，2011，37（12）：54-60.

[116] 袁凤生. 国内、外男子篮球优秀中锋竞技实力比较研究 [J]. 中国体育科技，2004，40（6）：32-34.

[117] 史康成. 国外教练员制度的发展趋势、结构及特点 [J]. 北京体育学院学报，1984，（12）：68-76.

[118] 李诚志. 教练员训练指南 [M]. 北京：人民体育出版社，1992.

[119] 王刚. 我国优势项目优秀教练员成材过程的时间特征 [J]. 西安体育学院学报，2002，17（2）：28.

[120] 赵晶. 我国篮球教练员与运动员人力资源探析 [J]. 上海体育学院学报，2006，30（4）：25.

[121] 柳建庆. 微观视角下中国篮球教练员人力资本分析 [J]. 武汉体育学院学报，2008，42（3）：43.

[122] 杨桦 . 竞技体育与奥运备战重要问题的研究 [M]. 北京：北京体育大学出版社，2006.

[123] 全国体育院校教材委员会 . 运动训练学 [M]. 北京：人民体育出版社，2000.

[124] 史康成 . 教练员培训工作及知识结构 [M]. 北京：体育科技出版社，1984.

[125] 北京体育大学教练员岗培领导小组 . 教练员：中国体育腾飞的关键 [M]. 北京：北京体育大学出版社，2002.

[126] 史康成 . 新形势下教练员岗位培训工作的创新与发展 [J]. 中国体育教练员，2004，（1）：12.

[127] 蔡梨 . 教练员岗位培训中的能力教育 [J]. 成都体育学院学报，2004，30（2）：89.

[128] 石岩 . 建立学习型教练团队的理论分析 [J]. 体育科学 .2006，26（1）：7.

[129] 国家体育总局教练员学院在京成 [N]. 新华日报，2010-12-21.

[130] 王芬 . 国家级教练员岗位培训的现状调研与对策 [J]. 北京体育大学学报，2007，30（10）：1385-1387.

[131] 熊晓正，郑国华 . 我国竞技体育发展模式的形成、演变与重构 [J]. 体育科学，2007（10）：3-17.

[132] 中共中央组织部 . 论人才 [M]. 北京：党建读物出版社，2003.

[133]《马列原著选读》编委会 . 马列原著选读 [M]. 苏州：苏州大学出版社，2004.

[134] 卢元镇 . 体育人文社会科学概论高级教程 [M].1 版 . 北京：高等教育出版社，2005.

[135] 杨桦 . 竞技体育与奥运备战重要问题的研究 [M]. 北京：北京体育大学出版社，2006.

[136] 郭永波，顾春雨 . 我国篮球教练员培养体制研究 [C]// 中国体育科学学会，第八届体育大会论文摘要汇编（二），2007：212-213.

[137] 刘玉林 . 我国篮球教练员现状剖析 [J]. 中国体育科技，1998（3）：43-45.

[138] 赵芳 . 我国高级篮球教练员现状调查与对策研究 [J]. 武汉体育学院学报，2002（2）：63-65.

[139] 邵恩 . 全国体育系统篮球教练员现状调查与分析 [D]. 北京：北京体育大学，2006.

[140] 张美娟 . 我国优秀篮球教练员成长现状及影响因素研究 [D]. 武汉：武汉体育学院，2008.

[141] 肖天 . 中国高层次教练员培养与成长的战略格局 [J]. 武汉体育学院学报，2006（3）：1-5.

[142] 左琼 . 中国体育教练员岗位培训：现状、问题与趋势 [C]// 中国体育科学学会，中华人民共和国第十届运动会科学大会论文摘要汇编，2005：29.

[143] 陈宁 . 中日英德澳五国教练员岗位培训模式比较研究 [J]. 成都体育学院学报，1996（22）：88-92.

[144] 高丽，张忠楼，吴震 . 山东民俗体育与特色旅游的融合发展研究 [M]. 北京：人民体育出版社，2020：5.

[145] 邵伟德 . 中、外教练员岗位培训若干问题的比较 [J]. 中国体育科技，2001（5）：47-49.

[146] 刘洋 . 中德教练员岗位培训体制比较 [J]. 体育学刊，2009（3）：83-86.

后 记

　　"书山有路勤为径，学海无涯苦作舟"这句话告诉我，在追求梦想的道路上，既要享受得了快乐欢愉，又要承受得住孤独寂寞。二十年弹指一挥间，我用辛勤的汗水浇注了自己的人生，成为一名体育学博士、博士后。这部《篮球运动理论研究与实践》既是我追求梦想的知识结晶，也是我探寻梦想的心路历程。我的本科、硕士、博士10年学历教育，始终都是围绕篮球运动接受训练、学习、研究。时至今日，篮球运动成为我养家育儿的经济支柱，篮球运动成为我工作研究的专业方向，篮球运动成为我职业身份的学科标签。因此，本书希望献给那些和我一样追求篮球运动梦想的本科生、研究生、甚至社会从业者。在你们追求梦想的过程中，希望本书的相关知识能够给你们带来借鉴、启发和思考。

　　《篮球运动理论研究与实践》中的理论观点及研究结论是作者多年来对中国篮球运动发展的理解和认识，研究过程中难免产生一些理论和实践上的认知局限。同时，在研究的过程中也借鉴了许多专家、学者的成果，在引用中若有遗漏或疏忽还请谅解，在此一并感谢。